PARFOIS L'AMOUR NE SUFFIT PAS

PARFOIS L'AMOUR NE SUFFIT PAS

ISABELLE MACHADO

Sous la direction
de Frédéric Veille

City
Témoignage

ISBN : 978-2-8246-2119-7
Code Hachette : 77 9970 7
Collection dirigée par Christian English et Frédéric Thibaud
Catalogues et manuscrits : city-editions.com

Dépôt légal : Octobre 2022

À ma fille,
ma perle des îles.

1

Mercredi 7 juillet 2021

Sur la porte de la chambre funéraire c'est bien ton nom, ton âge et le lieu de tes obsèques que l'on peut lire.

Sur cette porte blanche, il y a ton nom, ton si joli prénom.

C'est toujours aussi irréel.

Cette porte, je l'ouvre. Elle pèse des tonnes. Elle est infiniment lourde.

Mais pour toi, pour te voir, je décuple mes forces, je retiens mon souffle.

Car je sais que derrière cette porte, dans cette pièce qui ne te ressemble pas, tu es là.

Doucement, je m'approche, tu dors. Un drôle de sommeil. Profond comme l'est mon désarroi.

Je peine à tenir sur mes jambes. Elles aussi sont infiniment lourdes.

Je pose ma main sur ta joue, je te caresse, lentement. Des larmes roulent sur mes joues.

Je ne sais pas dire si tu es apaisée car je te regarde au travers de mes yeux embués. Tout est flou, comme les questions qui se bousculent depuis plusieurs jours et qui resurgissent quand je te vois ici.

Quelle a été ta dernière pensée avant ce geste ultime ?

Que s'est-il passé ce 4 juillet à 21 heures ?

As-tu voulu en finir avec cette souffrance innommable ?

T'es-tu sentie complètement abandonnée ?

Je peux te l'avouer : ces dernières semaines, nous étions tous désabusés. Et moi, j'avais baissé les bras.

Je savais que ça ne durerait pas longtemps, que j'allais reprendre du poil de la bête, mais j'ai baissé les bras.

Alors devant toi, allongée, inerte, je continue de me poser des milliers de questions.

As-tu voulu me libérer ? As-tu voulu me punir ? Une voix t'a-t-elle soufflé cet ordre fatal ?

Pourquoi ce soir-là tu as volontairement laissé la clef dans la serrure pour qu'on ne puisse pas entrer ? As-tu voulu nous protéger ou simplement t'assurer que personne ne viendrait interrompre ce geste irréparable ?

Je n'aurai, nous n'aurons jamais la réponse.

« Se suicider, ce n'est pas un choix, c'est une solution qui s'impose quand on n'a plus le choix. »

Et moi, désormais, il va falloir que je vive avec ça, que je chemine avec cette pensée-là.

Tu es décédée il y a trois jours, en plein mois de juillet.

Tu n'avais que 27 ans.

Tu étais et tu resteras toujours ma fille.

2

Vingt-huit ans plus tôt, 1993

J'attends avec impatience mon amie Sandrine et son mari Michel qui viennent déjeuner. Avec Sandrine, rencontrée sur notre lieu de travail cinq ans plus tôt, l'amitié est une évidence. Nous croquons la vie à pleines dents et nous partageons toutes les joies et les premiers soucis de notre vie d'adulte.

Sandrine, après plusieurs mois de traitement contre l'infertilité, est enceinte. Son bébé est prévu pour janvier. Elle est radieuse et sa joie communicative retentit en moi comme d'habitude. C'est un dimanche d'automne un peu particulier car, moi aussi, j'ai une grande nouvelle à lui apprendre.

Quand elle et son mari arrivent dans notre petit appartement toulousain, je les invite à s'asseoir devant un apéritif. Après quelques échanges autour du quotidien, après les avoir félicités de leur future maternité, je brandis le précieux sésame.

— Nous l'avons reçu par le courrier d'hier, champagne !

— C'est l'agrément ? demande Sandrine.

Régis et moi répondons en chœur :

— Gagné !

Danse des Sioux pour exprimer notre joie.

Après des années d'errance en consultation entre Toulouse et Paris, des avortements thérapeutiques pour libérer des embryons mal formés, l'annonce d'un caryotype présentant une translocation chromosomique et des chances réduites à 20 % de mener à bien une grossesse normale, nous avons décidé, sans renoncer à mettre au monde un enfant, d'adopter.

Nous avons reçu l'agrément un peu plus tôt que prévu, sept mois au lieu de neuf. Alors, forcément, nous allons mettre en stand-by notre projet de naissance naturelle pour nous consacrer à l'accueil d'un enfant issu d'une autre histoire.

Pour cela, nous allons partir à la rencontre de postulants à l'adoption dans l'association Enfance et Familles d'adoption.

Il y a des mois et des années d'attente un peu partout. Nous examinons avec soin chaque particularité et les démarches pour les différents pays. En France, pour un bébé né sous X, nous remplissons toutes les conditions favorables, mais il y a sept ans de délai.

Sandrine me toise, l'air intriguée, mais quand je lui fais part d'une discussion que j'ai eue avec Bib, une copine à nous qui connaît Babé, une femme qui a adopté un petit garçon en Polynésie il y a deux ans, elle semble rassurée. Si bien que nous terminons la journée par une longue balade dans les environs, imaginant déjà nos enfants gambadant à nos côtés. Pour elle, dans un avenir proche ; pour moi, je l'espère, dans un avenir pas trop lointain.

Pour l'adoption en Polynésie, il n'y a pas d'association qui, sur place, met en relation les familles postulantes et un orphelinat ou autre. Il faut donc se débrouiller tout seul, par le bouche à oreille, par le biais de familles ayant adopté ou par des connaissances sur place.

L'idéal, c'est d'avoir un contact avec une maman avant la naissance pour comprendre nos motivations réciproques. Ainsi, si elle est d'accord, je pourrai assister à l'accouchement et nous vivrons ensemble cette naissance.

On ne parle pas à ce moment-là d'adoption mais de délégation d'autorité parentale (DAP). Toutes les formalités se font chez le juge, à Papeete, après plusieurs entretiens de motivations, tant pour la maman que pour les adoptants.

L'objectif est de vérifier qu'elle ne subit pas de pression. À tout moment, elle peut revenir sur sa décision et, dans ce cas, nous serons obligés de rendre l'enfant. Quand il atteint l'âge de deux ans, elle peut signer un consentement à l'adoption simple ou plénière. S'il y a un papa, il doit signer également. Le lien s'établit par des coups de téléphone, l'envoi de photos et un retour en fonction des possibilités financières.

D'après les témoignages, c'est assez rare que la maman change d'avis si on respecte toutes les étapes. Si on doit trembler et vivre dans la crainte, il vaut mieux oublier la Polynésie. Pensons plutôt à la bonne étoile qui a mis Babé sur notre chemin puis Anna et Françoise que Bib nous a également présentées.

Anna a déjà aidé des couples métropolitains à entrer en contact avec des familles voulant confier leur enfant. Aujourd'hui, elle a 75 ans et elle ne s'engage plus dans cette aventure. Néanmoins, elle nous hébergera si besoin, nous accompagnera dans les administrations et nous guidera dans Papeete.

Quant à Françoise, elle part en décembre adopter une petite fille.

J'espère que la chance nous sourira, nous sommes tellement motivés !

3

1994

Début janvier, le téléphone sonne. C'est un appel en PCV en provenance de Tahiti. C'est une voix de femme. Elle se présente sous le prénom de Nadine. C'est une amie de Françoise. Elle a pris connaissance de notre lettre.

Nous échangeons longuement avec elle car elle veut s'assurer de nos intentions et de notre fiabilité. Sa seule motivation pour mettre des familles en relation, c'est le bien-être et le bonheur d'un enfant.

Et de fait, elle nous informe qu'elle a dans son entourage un couple qui envisage de donner son petit garçon.

Nous ne nous réjouissons pas car nous sommes avertis que de nombreux projets n'aboutissent pas ou sont mis en échec parfois lors des dernières formalités. Cependant, l'espoir nous enhardit.

Le lendemain, Nadine rappelle. Le couple cherche effectivement des parents adoptifs, mais en échange d'une somme d'argent. Ce bébé n'était pas le nôtre.

Le 22 février, nouvel appel en PCV. Mon cœur bat la chamade. Le téléphone est sur haut-parleur et nous sommes suspendus aux paroles de notre interlocutrice.

— Bonjour, c'est Nadine. Une collègue héberge sa sœur qui est dans une grande précarité et qui doit accoucher vers le 15 mars. Elle s'appelle Lila Rose et elle veut confier son bébé. Je lui ai fait parvenir votre courrier et elle est d'accord pour échanger avec vous. Je vous tiens au courant.

Nous convenons des horaires où chacun reste joignable compte tenu du décalage horaire. Formules de politesse… Nous raccrochons.

Surtout ne pas céder à l'enthousiasme prématurément.

Le 27 février, l'écho maintenant familier annonçant un appel en provenance des TOM me fait tressaillir. L'opératrice demande si nous acceptons un appel en PCV mais je réponds avant la fin de la phrase. Je suis émue à l'idée d'entendre Lila Rose. Je ne peux pas imaginer dans quel état d'esprit elle se trouve tant cette situation est insolite.

— Bonsoir, c'est Nadine. Bon, voilà, Lila Rose a accouché hier d'une petite fille. Elle est arrivée plus tôt que prévu.

Nadine parle sans s'interrompre, ce qui nous arrange car nous sommes sans voix, flageolants, écoutant sans vraiment prendre conscience de la teneur des propos.

— Elle est toute petite, elle pèse 2,4 kg et mesure 45 cm, mais elle est très belle. Lila Rose va bien mais elle est fatiguée. Elle est d'accord pour vous confier sa petite. Elle s'appelle Tania.

S'ensuivent des tas de questions, des larmes de joie, des remerciements sans fin.

Toute la famille, les amis sont informés que nous sommes parents d'une petite fille.

S'ensuivent des regards. Régis est comme moi, ému, heureux, excité.

Si excités que, dès le lendemain, nous réservons le vol pour Papeete avec un départ prévu pour le 4 mars.

Durant cette semaine, il faut prévenir nos employeurs de notre absence avec un retour encore aléatoire. Il nous faut faire nos bagages, regrouper tous les documents nécessaires, se procurer tout ce dont a besoin un bébé. Il faut acheter ou se faire prêter le mobilier essentiel pour la chambre, des vêtements, sans oublier les accessoires (biberons, etc.), répondre à tous les appels qui déferlent. Les nuits sont courtes mais le bonheur donne des ailes.

Nadine appelle tous les jours et sert d'intermédiaire. Lila Rose nous demande de choisir un prénom avant de la déclarer à la mairie. Ensemble, nous choisissons le prénom. Amandine Tania Heipuatea (Heipuatea pour « femme belle couronnée de fleurs blanches »).

Nous confions la surveillance de l'appartement et les finitions de dernière minute à ma voisine et amie Pascale. Elle fait partie du petit cercle avec qui je partage mes émotions les plus intimes.

À quelques heures du départ, Sandrine et Michel viennent aussi partager les derniers préparatifs dans les rires et la bonne humeur. Ils sont trois désormais. Heureux parents d'un petit Alexis.

Puis vient le départ pour le grand voyage.

Un voyage interminable de 16 030 kilomètres jusqu'à l'aéroport international de Tahiti-Faaa.

Là, nous attend Anna avec ses couronnes de fleurs odorantes, ces fleurs qui nous souhaitent la bienvenue.

Il est 6 heures à Tahiti, je ne sais pas depuis combien de temps je n'ai pas dormi et je suis envahie d'émotions.

Nadine nous rejoint et nous voilà partis pour les environs de Punaauia. J'ai le mal des transports et le puissant parfum du tiaré me donne mal au cœur.

Nous entrons dans une petite maison, Lila Rose sort d'une pièce attenante.

Les yeux emplis de larmes et d'espoir, elle dépose dans mes bras un tout petit bébé qui suce son pouce et elle me dit :

— Veille sur elle, elle est à toi maintenant.

Mes jambes tremblent. Mon cœur bat à mille à l'heure. Je lutte pour ne pas fondre en larmes, pour ne pas vaciller.

Tu es là !

Tu es vêtue d'un cache-cœur en coton blanc avec des lapins multicolores et sa culotte assortie. Tu es enveloppée dans une fine couverture bleu ciel brodée de fleurs blanches. Tu es si petite que tu te perds dans ces vêtements trop grands pour toi. Tu sembles si vulnérable. Je suis bouleversée.

Par ce don d'amour, nous devenons tes parents. Moi, Isabelle, ta maman, et Régis, ton papa.

Durant notre séjour, Anna, comme promis, nous accompagne dans toutes les démarches.

Nous partageons avec Lila Rose des moments privilégiés qui s'inscrivent à tout jamais dans notre histoire. Elle nous divulgue quelques bribes de son parcours de vie. Cette précieuse anamnèse que nous transmettrons à notre fille.

Elle assure qu'elle signera une adoption plénière et nous donnons notre parole que l'on reviendra dans dix ans, avant l'adolescence, comme le conseillent les psychologues.

Nous nous promettons des échanges de courriers avec des photos plusieurs fois par an.

Dans l'avion qui nous ramène à Toulouse, nous emportons avec nous la chaleur de toutes les personnes qui nous ont accompagnés, soutenus, aidés dans cette belle histoire de l'adoption.

Tu es une petite perle de bonheur qui emplit mon cœur de douceur. Ton premier sourire efface le parcours qui m'a mené jusqu'à toi.

Quel bonheur de te serrer contre moi.

4

1995

En novembre, un petit frère, Fabien, vient agrandir la famille. Fabien est l'enfant des 20 % de chances de venir au monde sans difficulté par rapport à l'anomalie chromosomique dont je suis atteinte.

J'ai enfin la famille dont j'ai toujours rêvé.

Mes deux enfants sont issus chacun d'une histoire singulière où la détermination, la persévérance et la ténacité ont servi d'itinéraire. Qu'importent les gènes, la couleur, qu'importe le trajet de la cigogne, chaque enfant a droit à une famille, et l'amour pour seul guide nous mène sur le chemin de la vie.

À la naissance de Fabien, même si tu es encore un bébé de 22 mois, tu regardes cet intrus d'un regard sombre, ce qui fait ressortir la couleur noire de tes yeux. Tu rechignes à sortir de ton lit et demande à y aller chaque fois que le nourrisson est couché.

Petit à petit, tu deviens sélective et les repas sont compliqués, m'amenant à consulter. Une rupture de la courbe de croissance conduit à des investigations mais tous les examens médicaux sont normaux. Peut-être est-ce psychologique ?

La courbe poids-taille croît à nouveau, reste en dessous de la moyenne mais homogène. Tu ne seras pas bien grande et une surveillance est nécessaire.

Lors des balades, installée à l'avant de la poussette double, tu ne veux plus en descendre pour jouer avec les bambins que l'on retrouve chaque après-midi au parc. Nous habitons un appartement à Toulouse dans un quartier où j'ai lié amitié avec des mamans qui, comme moi, ont pris un congé parental pour se consacrer à l'éducation des enfants au moins pendant trois ans. Je t'ai donc retirée de la crèche familiale où une assistante maternelle, à qui je n'ai pas accordé ma confiance, veillait sur toi.

5

1996 et ensuite

L'appartement étant trop petit, nous déménageons dans une maison, dans un village limitrophe, village-dortoir où il est très difficile de faire des rencontres et où les aménagements publics pour les enfants sont inexistants.

Au détour d'un chemin, au seuil de l'hiver, je rencontre Gene avec ses deux enfants. Sa fille a le même âge que toi et son garçon est un an plus jeune que Fabien. Ensemble, nous partagerons les joies, les soucis et les travers de la vie de jeune maman, épouse et femme. Gene sera la nounou des années maternelle les mercredis et une partie des vacances scolaires quand je reprendrai le travail. Elle soignera rhumes, gastros et toujours ces pénibles bronchiolites qui se transforment en asthme.

J'ai la chance d'exercer un métier que j'aime et les horaires de travail me permettent d'accompagner tes premiers pas à l'école. Les enseignants sont tous sous le charme de ton petit minois. Tu es calme et attentive et ils disent « vouloir des classes pleines d'Amandine ».

Tu grandis, tu aimes faire du tennis, dessiner, bricoler. Tu as du talent. Tu adores ton chat Miko, tu joues avec tes peluches et tu dors avec ton doudou Fafa. Tu es câline, tu te blottis dans mes bras de longs moments en écoutant les comptines que je te chante ou les histoires enfantines que je te lis.

Tu es souvent allongée sur le canapé, suçant ton pouce, ce qui parfois m'interpelle. L'entourage ironise en stigmatisant le caractère « fiu » des Polynésiens.

Le psychiatre que je contacte me rassure et me conseille : si je continue à me faire du souci, il faut que je prenne rendez-vous pour un suivi personnel.

Les jours et les années passent. Tu souffles tes bougies d'anniversaires, tu découvres le monde. Nous explorons tout ce qui peut permettre aux enfants de s'amuser : cinéma, théâtre, parc pour enfants, parc d'attractions, etc. Nous partageons toutes ces expériences avec nos amis et leurs enfants. Mon amie Sandrine. Ma confidente. Pour le meilleur et pour le pire, l'amitié d'une vie.

Nous passons également les vacances à la mer, à la montagne, et nous participons aux réunions de famille avec tes cousins et tes cousines. Nous allons souvent chez les grands-parents maternels. Tu les aimes beaucoup. Tu écoutes avec curiosité et admiration les récits de la Seconde Guerre mondiale qu'évoque ton grand-père qui, tout jeune homme, s'était engagé. Tu apprends à tricoter et à coudre avec ta grand-mère mais tu es gauchère et elle a du mal à te transmettre les gestes utiles. Moi, je ne suis pas du tout attirée par la couture et, du coup, rentrée à Toulouse, je ne peux pas t'aider, ce qui t'agace fortement et révèle un petit caractère bien trempé.

Chaque année, le premier week-end de septembre, nous passons une journée avec les enfants et les familles de l'antenne régionale de l'association Maeva Polynésie (Mouvement associatif des enfants venus des archipels polynésiens). Ce rituel permet aux familles d'échanger sur la spécificité de l'adoption dans ce territoire d'outre-mer et sur les joies et petits soucis des enfants. C'est pour eux le partage d'une même histoire qui les inscrit dans une identité. C'est l'occasion de nourrir les racines de leur vie, d'évoquer cette famille élargie restée sur une île et qui a fait le choix de les faire pousser en métropole. C'est surtout un agréable moment convivial, des rires et des souvenirs partagés avec Françoise, Babé… des fabuleux maillons de notre histoire.

Ces instants merveilleux bercent ton enfance et les rires enfantins enchantent le quotidien.

6

2005

À la fin de juin 2005, alors que tu as onze ans, nous partons comme promis en Polynésie à la découverte de Tahiti, cette île qui t'a vue naître. C'est aussi l'occasion pour toi de retrouver ta famille biologique.

Nous embarquons dans l'avion. Ta grand-mère, âgée de 73 ans, est à nos côtés. Elle souhaite participer à cette aventure faramineuse. Nous avons prévu un périple de trois semaines avec une halte de trois ou quatre jours sur les îles environnantes : Moorea, Huahine, Raiatea, Bora-Bora. L'hébergement se fait chez l'habitant pour vivre au plus près de la réalité quotidienne des Polynésiens, loin des hôtels paradisiaques au décor de carte postale surfait. Nous ferons certes quelques sorties touristiques comme le pique-nique sur un motu, la baignade avec les requins et les raies, le repas cuit au four traditionnel et le spectacle de danse tahitienne qui font partie du folklore incontournable.

Nous passons chez le docteur car, au détour d'une « patate » de corail, Fabien s'est fait mordre par une murène. Les dangers dans l'eau sont confirmés.

Nous retrouvons Anna, âgée maintenant de 85 ans.

Anna restera dans nos cœurs pour la vie, une personne hors du commun, avec une joie de vivre communicative, une énergie débordante, généreuse et bienveillante.

Puis il est temps d'aller voir Lila Rose. Au fin fond d'une route chaotique en soupe de corail apparaît une maison à l'allure inachevée. Les fils électriques pendent d'une pièce à l'autre. Il n'y a pas l'eau courante. C'est la maison où elle habite avec sa petite fille Lise qui a trois ans. Elles sont hébergées chez une amie. Rapidement, je comprends que sa situation en onze ans n'a guère évolué et qu'elle est toujours en situation très précaire.

Elle nous attend avec toute l'affection qu'il est possible d'exprimer. Moi, je suis heureuse de cet événement, d'honorer ma promesse, mais consciente que pour Amandine se joue une rencontre qui peut perturber le cours de sa vie. Je suis fébrile car si je réponds à la tradition polynésienne qui est d'inscrire l'enfant au cœur de deux familles, l'impact psychologique n'est pas à négliger. D'autres familles ont effectué ce périple et les commentaires au retour sont le plus souvent positifs, ce qui est rassurant et renforce le choix de la tradition.

L'accueil est tellement chaleureux que toutes mes craintes sont vite balayées.

Lila Rose a préparé une jolie table, avec des boissons, des gâteaux. Intuitivement, les enfants ressentent l'effort financier que cela représente. Ils partagent leur canette de jus de mangue et la part de biscuit. Intérieurement, je suis fière d'eux. Lila Rose distribue à chacun d'entre nous des cadeaux. Scène attendrissante car chaque paquet est personnalisé, élaboré avec sincérité. Elle a récupéré des perles noires impropres à la vente et les a réparties dans cinq petits sachets. Elle a gardé précieusement des centaines de cartes téléphoniques toutes illustrées de scènes de fleurs, de paysages polynésiens qu'elle distribue fièrement. Elle a acheté un ukulélé et une couverture en tissu coloré rose et mauve pour Amandine.

Elle parle avec notre fille, répond à ses questions, réitère son choix de l'avoir confiée en adoption. Elle explique la situation d'indigence dans laquelle elle se trouvait en 1994 et comment aujourd'hui, en 2005, juste parce qu'elle a la CMU et la cantine gratuite, elle a gardé Lise. Que peut en comprendre une petite fille de onze ans ?

Amandine connaît l'existence d'une petite sœur grâce à des précédents courriers. Néanmoins, elle paraît intriguée.

La petite fille reste accrochée aux jupes de sa mère, apeurée. Il est impossible de l'approcher.

Amandine affirme être très contente de les avoir vus mais elle dit avoir de la peine pour tous les enfants adoptés qui ne connaissent pas leur histoire. On se rencontrera d'autres fois durant notre voyage et Amandine écoutera avec attention toutes les paroles délivrées en réponse à ses questions.

Nous ramenons dans nos valises et nos têtes des souvenirs extraordinaires, l'odeur enivrante des fleurs de tiaré et du monoï, des colliers de perles ou de coquillages, le goût sucré de l'ananas, de la noix de coco, la féerie des paysages, la gentillesse de toutes les personnes que nous avons rencontrées dans les différents gîtes où nous avons séjourné et ces émouvants instants de partage avec Lila Rose.

Cette rencontre renforce ce lien d'amour inconditionnel entre nous, amour inconditionnel qui sera pour moi un pilier inébranlable s'il faut traverser des tempêtes. Je suis une maman comme toutes les mamans du monde et je suis aussi Isabelle, celle à qui une femme a offert pour la vie sa confiance.

En septembre 2005, tu rentres au collège. Tu as des amis et tu entreprends la classe de 6e sereinement. La légère dyslexie a pratiquement disparu. Tu travailles bien et, comme en primaire, tu ravis tes professeurs. Néanmoins, les enseignants pointent une discrétion et une participation insuffisante à l'oral.

Rien ne mérite de s'inquiéter.

À la maison, les relations avec ton frère sont normales, entre complicité et chamaillerie, ce qui, il est vrai, m'irrite parfois. Je ne trouve pas toujours l'attitude et les mots pour ramener le calme, ce qui génère des tensions.

Généralement, ce qui te distingue, c'est ta douceur. Avec moi, tu es attentionnée. Tu me fais sourire quand je dois rencontrer les enseignants de ton frère et que tu trouves des circonstances atténuantes pour excuser son comportement parfois turbulent.

Tu ne fais pas de caprice, tu es obéissante et il y a peu d'occasions de te réprimander. Tu t'intéresses à l'environnement comme une fillette de cet âge mais tu peux te fâcher quand Fabien apporte des éléments péremptoires à la discussion. Je sens la rivalité fraternelle et une recherche, je pense, d'exclusivité. C'est un trait de caractère qui se dévoile car cette recherche de popularité crée des discordes avec tes amis. Du moins, c'est ce que je ressens quand tu me racontes les querelles avec eux.

J'ai en mémoire un épisode durant l'été alors que nous rentrons de la plage : tu te disputes avec ta cousine, levant la main sur elle. Ta tante qui assiste à la scène te reprend. Tu poursuis ton chemin en bougonnant et tu laisses échapper :

— Quelle famille de cons !

Ton talon d'Achille, c'est l'alimentation et cela dure depuis des années. Je me conforme aux conseils des médecins de ne pas me focaliser là-dessus mais je trouve que cette sélectivité alimentaire est déroutante. Tu manges peu en quantité mais surtout une variété limitée. Pendant quelques semaines, ce sera tomate-maïs à tous les repas puis, pendant des mois, pain-Nutella par exemple.

L'autre point noir : les vêtements. Les étiquettes, les tissus, les coutures grattent, les élastiques serrent. Faire les magasins est une galère.

Après parfois des heures, tu trouves enfin un pantalon et un tee-shirt et le moment privilégié est alors de siroter une boisson ou de manger une glace.

7

2006-2007

C'est l'année de la 5e. Elle défile, semblable aux années passées. Tu es souriante, bien dans tes baskets, tu continues tes activités extrascolaires. Tu es contente de passer Noël en famille chez tes grands-parents et une partie des vacances scolaires. En février, tu pars faire du ski en colonie, en Espagne, comme d'habitude depuis tes 8 ans. Tu exprimes juste le regret de ne pas pouvoir rentrer le soir à la maison car la vie en collectivité te pèse un peu.

Les week-ends, nous partons en balade, souvent avec mon amie Sandrine et ses enfants. Tu évoques avec allégresse le séjour à Disney et à Paris que nous avons fait durant les dernières vacances estivales et les dizaines de peluches qu'il a fallu glisser dans les valises avant de prendre le train.

Tu vas jouer chez tes copines ou tu les reçois, tu fais tes devoirs le soir et tu fêtes ton 13e anniversaire sans aucune ombre au tableau.

Petit à petit, tu ranges les Pet Shop dans leurs boîtes et ils désertent ta chambre et le salon. Tu écoutes de la musique et tu joues désormais à la Nintendo.

La trousse Diddl, les crayons, gommes, stylos de la marque flirtent avec la couette, les coussins et les porte-clés de la même famille. Ils défient Mickey, Bambi, Panpan, Bianca, Pongo… qui gardent encore une place privilégiée sur ton lit car tu aimes te blottir contre leur douce fourrure. Au milieu de ce joyeux univers, ton doudou Fafa conserve sa place. Tu lui confies encore tes secrets. Tu ne suces plus ton pouce, appareil dentaire oblige, mais tu as pris pour habitude de frotter tes lèvres avec une étiquette rugueuse. Transition entre l'enfance et l'adolescence.

Un matin de juin 2007, tu pars comme tous les jours au collège, ton sac de classe sur le dos. Je dépose un dernier baiser sur ton front en te souhaitant une bonne journée, tu me serres fort et tu te diriges vers l'arrêt de bus, Fabien t'emboîte le pas.

Je pars travailler. Un matin ordinaire.

8

Quelques heures et tout bascule (2007-2008)

Je rentre du travail un peu avant le passage du bus. Pas de bouchon sur la rocade en cette fin d'après-midi ensoleillée, ce qui me permet de gagner du temps. Je bois un thé, je vérifie dans le Frigidaire et les placards que je dispose de tout ce qu'il faut pour préparer le dîner.

Je sais qu'il faut que je me rende disponible dès ton retour et celui de ton frère pour le périlleux épisode des devoirs. Périlleux surtout pour Fabien qui, depuis le CP, prend le temps de prendre un copieux goûter, de faire un compte-rendu de sa journée qui s'apparente à un article de presse relatant tous les événements, sans oublier son point de vue argumenté. Une prodigieuse aptitude à perdre du temps pour se mettre au travail !

De ton coté, tu grignotes un petit goûter et tu caresses Miko qui revient de balade systématiquement quand tu rentres de l'école et qui te suit pour avoir des câlins.

Généralement, tu montes ensuite t'installer à ton bureau et tu m'appelles pour réciter tes leçons ou demander de l'aide pour des exercices de maths. Mes compétences arrivant à leur terme, surtout en matière de pédagogie, j'ai fait appel à un professeur qui vient à domicile prendre le relais et éviter les conflits.

Cette année scolaire 2006-2007, vous avez le même professeur de français. Je suis donc écartelée entre les deux chambres, essayant désespérément de donner à chacun des pistes de réflexion pour vous amener à écrire sans que je fasse le travail à votre place, tout en essuyant les jérémiades. Finalement, tout le monde rit des idées qui jaillissent, ce qui soulage les nerfs parfois à fleur de peau.

Ce soir-là, tu tardes à monter. Tu brosses le chat, tu le suis dans tous les recoins du jardin, tu le complimentes sur son joli poil noir soyeux, ses yeux espiègles, tu t'inquiètes de savoir si les croquettes sont à son goût et si l'eau est assez fraîche. Tu t'arranges pour qu'il monte se cacher incognito sous le lit alors que c'est interdit.

Tout est nettoyé à fond toutes les semaines, une chasse aux poussières impitoyable. Les peluches séjournent au congélateur. Il faut ensuite les passer à l'aspirateur pour éliminer les acariens et leurs déjections. Le chat n'est donc pas le bienvenu dans ce microcosme. Comme toutes les règles ont leurs exceptions, de temps en temps, je ne relève pas l'infraction. Tu prendras un antihistaminique et si une bronchite se déclare, tu feras des bronchodilatateurs en aérosol, ce qui est la conduite à tenir depuis que tu es bébé. La kiné respiratoire n'est plus prescrite.

Tu te décides enfin à monter et tu bougonnes. Je rentre dans la chambre car ton attitude est totalement inhabituelle.

— Amandine, que se passe-t-il ? Tu as eu des soucis aujourd'hui ?

— Si on te le demande, tu diras que tu ne sais pas.

Je reste sans voix.

Jamais tu n'as haussé le ton. Jamais tu n'as utilisé ce genre de réplique. La stupéfaction passée, je renchéris.

— Qu'est-ce que c'est que cette réponse ?

Tu articules avec soin, en montant d'un dièse et en marquant chaque syllabe :

— Sors – de – ma – cham – bre – tu – es – bou – chée ?

— Bon, écoute, je veux bien qu'on en parle plus tard mais tu ne peux pas me parler ainsi.

Tu hurles :

— Ta gueule, ta gueule, ta gueule !

Je suis éberluée et, sans que mon cerveau ne raisonne, ma main part à mon insu en direction de tes petites joues qui, le matin, étaient encore colorées de rose enfance. Je retire ma main, tout est allé si vite, je n'ai rien maitrisé. Je n'ai jamais levé la main sur personne.

Tu me fixes dans les yeux. Ton regard me transperce. Noir, si noir. Un regard pour lequel je ne trouve aucune définition. Je ne décrypte pas le message que tu m'envoies.

Un regard qui n'exprime ni la colère, ni la tristesse. Un regard en langage inconnu.

Ce regard a quelque chose d'étrange.

Dès cet instant précis, mon instinct de maman me souffle que quelque chose ne va pas. Quelque chose d'atypique.

Tu soutiens un instant ce regard déroutant.

— Tu n'as pas le droit, tu n'es même pas ma vraie mère !

Finalement, cette réplique me rassure et m'arrange. Je savais qu'un jour, j'entendrais cette doléance. C'est notre première vraie altercation.

Le soir, j'échange avec Régis autour de cet événement. Je lui fais part de mon inquiétude face à ce regard qui m'intrigue. Tranquillement, nous reprenons avec toi l'histoire de ta naissance, histoire que tu connais par cœur mais que tu écoutes toujours avec attention. Nous profitons de la conversation pour te confirmer notre disponibilité pour aborder tous les sujets sans oublier les éventuelles bêtises et nous te rappelons que nous te protégerons contre toutes attitudes intrusives d'autrui.

— Amandine, quoi qu'il se passe, quoi que tu dises et même si je me mets en colère, je serai toujours là pour toi. Ce soir, j'ai été tellement surprise de ton attitude que je n'ai pas pu retenir un geste réflexe. Ce n'est pas une bonne réponse, mais sur le coup, c'est parti !

Tu me serres dans tes bras, sans larme, et tu me réponds d'un ton impassible :

— Pardon maman. Je le sais, que tu es ma maman.

Tu montes te coucher. La journée se termine. Tout de même, on dirait que ce soir, la jeune fille qui est descendue du bus n'est pas celle qui y est montée ce matin. Les échanges d'enfants qui font les faits-divers arrivent à la maternité, pas au collège ou dans les transports scolaires !

Venons-nous de vivre les prémices de l'adolescence ?

C'est l'heure de la rentrée en 4e. Tu es très menue mais ta silhouette de fillette laisse place à l'adolescente. Ta peau naturellement hâlée est légèrement plus foncée, brunie par le soleil estival. Tu as lissé tes longs cheveux bruns et une mèche se répand de ton épaule à ta poitrine. Tu arbores un magnifique sourire. Tu es très jolie.

Le sac Roxy noir à bandoulière blanche abrite les nouveaux cahiers qu'il a fallu dénicher avec persévérance pour respecter les demandes de petits ou grands carreaux, de format A3 ou A4, etc. Tu as choisi l'agenda et la trousse avec soin pour répondre aux critères tendance du moment. Rapidement, les copains et les copines y laisseront leur ADN en paraphant initiales ou symboles d'amitié, petits cœurs ou autres messages.

Tu sembles sereine et tu ne manifestes aucun problème les premières semaines.

Peu à peu, je vois ressurgir ce regard noir, celui de juin. Nos relations se tendent à nouveau.

— Amandine, veux-tu de l'aide pour tes devoirs ?

— Non. Ni ce soir, ni jamais. Quant à l'autre conne de P., si t'as envie de la payer, vas-y… Mais tu gaspilles ton argent pour rien. Sors de ma chambre, je te dis que je ne te réciterai rien, tu me laisses me démerder seule, merci.

Je ravale les mots qui sont prêts à jaillir, je fais tourner ma langue sept fois dans ma bouche.

— O.K. Je te propose un deal. Je n'interviens pas et je ne renouvelle pas le contrat avec le prof à domicile. En novembre, nous ferons le point. Si tes résultats ne sont pas bons, j'aviserai.

— Mouais…

Les retours du collège qui suivent se déroulent dans un climat similaire où toute discussion est stérile. Tu t'enfermes dans ta chambre et tu refuses tout échange quel que soit le sujet.

Je m'énerve après Fabien qui, inlassablement, rechigne à travailler et cela t'horripile. Je t'entends maugréer derrière la porte, je ne dis rien, je te laisse t'exprimer, tu es dans ton espace et je fais la sourde oreille. C'est pénible de m'entendre vociférer tous les jours pour les mêmes raisons.

Néanmoins, tu parles avec lui à table, ce qui, parfois, détend l'atmosphère et permet de glisser quelques questions ou un débat sur l'actualité du jour.

Le mercredi et lors de quelques week-ends, tu vois tes amis, tu es enjouée, souriante.

Tu viens avec nous lorsque nous retrouvons Sandrine et tu partages de bons moments avec ses enfants.

Nous allons à la piscine, à la patinoire, faire des balades. C'est l'occasion de rire, de faire des photos en cherchant des poses originales, amusantes, et de se dire qu'on s'aime.

Mais les vacances de Toussaint marquent un virage. Aucune mauvaise remarque de comportement n'est spécifiée dans ton carnet de correspondance mais les notes ont baissé et le désintérêt pour les cours est manifeste. Je rencontre ton professeur principal qui confirme que tu es de plus en plus passive et que la chute des résultats dans certaines matières est à prendre en considération. Cependant, il n'y a pas lieu de s'inquiéter. Il propose un soutien en maths et de refaire le point à la fin du premier trimestre. Je lui fais part du changement d'attitude à la maison. Il sourit et me souhaite la bienvenue dans l'adolescence. Après tout, il a raison, je ne dois pas oublier que j'ai eu 14 ans et que ce n'est pas l'année la plus glorieuse de ma vie.

Dialoguer est le meilleur moyen de désamorcer les conflits et les malentendus. Alors au sortir de cette rencontre, j'entre dans l'arène et je t'indique que je suis allée voir ton professeur principal.

Je n'ai même pas le temps de finir ma phrase.

— Tu ne comprends rien à rien, je m'en fous, tu me fais chier.

— Tu ne vas pas recommencer à me parler sur ce ton et…

— Ta gueule !!!!

Je tente de garder mon sang-froid et Fabien, qui a tout entendu, intervient et te demande de cesser de t'exprimer ainsi.

— Mais ferme-la, toi, le chouchou à sa maman !

Je vous sépare car vous êtes sur le point de vous battre.

Plus tard, quand le calme revient, je propose une discussion pour te rassurer. Une chaise vole et des insultes jaillissent. Nous sommes dans le salon, ton père t'attrape par les bras et te fait monter les marches sans que tes pieds ne touchent le sol. Tu es sommée de rester dans ta chambre et de te calmer.

Et avant que tu ne fermes ta porte, tu ne peux t'empêcher de hurler :

— Bande de cons !

Dans les jours qui suivent, des incidents semblables se répètent. Tu es fermée comme une huître et tu refuses toutes les tentatives de dialogue. Tu vas même jusqu'à me fusiller du regard quand je t'annonce qui si tu continues de te comporter ainsi, tu seras punie à Noël.

— Je n'en ai rien à foutre de ton Noël de merde !

Je sors de la maison, je pleure. Je m'en veux de ne pas avoir gardé mon sang-froid et d'avoir posé une punition démesurée. Punition que je ne suis pas sûre de pouvoir tenir. Régis et moi décidons de ne pas perdre en crédibilité et d'appliquer la sentence.

Je m'apprête à vivre des préparatifs de fêtes au goût amer. J'erre dans les magasins comme une âme en peine. Trouver des cadeaux pour toute la famille alors que je me suis infligé le châtiment de ne rien offrir à ma fille est ardu.

Depuis toujours, nous fêtons Noël chez tes grands-parents. Tu auras les cadeaux de la famille. Tu es toujours gâtée, ce qui adoucit mes regrets.

Début décembre, nous faisons le sapin à la maison. Ton frère et toi choisissez chaque année une nouvelle décoration. Inutile de te demander de venir faire cet achat.

Je déballe précautionneusement chaque boule et chaque personnage. La première suspension, celle de ton premier Noël, celles que tu as choisies année après année soigneusement, celles que tu as confectionnées et qui témoignent de ton talent en arts plastiques. L'arbre flamboie. Sur la jupe de sapin en feutrine blanche, le père Noël articulé a retrouvé sa place à côté du bonhomme de neige floqué qui scintille. Dans la cheminée, le village miniature diffuse une lumière chaude et chaleureuse.

Les fêtes de fin d'année se déroulent dans un climat tendu où tu gardes le plus souvent le silence. Je n'assume absolument pas ma décision. Je revois tous les Noëls et tous les événements joyeux de l'enfance, j'entends les rires et je sens les lèvres humides de tous les bisous. Se pourrait-il que tout cela appartienne déjà à un passé révolu ? J'ai toujours eu une appréhension face à la traversée de l'adolescence, une sorte de mauvais pressentiment. J'ai tellement eu de plaisir et de bonheur à vous voir grandir, toi et ton frère !

Petits ensemble veut dire aussi adolescents et adultes ensemble ! Mais avant adulte, il y adolescent !

Les cours reprennent. Nous avons acheté un ordinateur car il devient nécessaire pour réaliser certains exercices. Ni moi, ni ton père ne maîtrisons cet outil et ce n'est pas fait pour nous rassurer. Je vais le soir au club informatique du village pour apprendre les rudiments de Word mais incontestablement, il faudrait me greffer le mode d'emploi car je n'ai aucune prédisposition.

Les réseaux sociaux et autres navigations sur le web sont un mystère pour moi. Les alertes des uns et des autres, des médias sur les dangers d'Internet pour les jeunes me tétanisent. Cette machine devient mon pire ennemi et la source de conflits car je garde autant que possible un œil sur les sites visités et le temps consacré est limité.

J'échange sur tous ces incidents et ton comportement avec mes amies. Elles sont le témoin hier et aujourd'hui de mes états d'âme, mes questionnements, mes doutes, mes peurs et heureusement des bonheurs aussi. Je passe beaucoup de temps avec Sandrine qui assiste aux scènes incroyables de discordes. Elle est attristée et surtout, comme moi, perplexe. Je confie mes interrogations à mon amie d'enfance qui est à 300 kilomètres de moi. Enfin, avec Pascale, je remercie l'arrivée du forfait illimité car nous passons des heures à refaire le monde depuis que l'on se connaît et à analyser toutes les situations de nos vies respectives. J'ai la chance d'avoir des amies et nous sommes enchaînées par un attachement indéfectible.

En revanche, je côtoie aussi un entourage qui n'est parfois pas avare de remarques. « Tu la gâtes trop ». « Elle a manqué de baffes ». « Avec les enfants adoptés, c'est toujours des soucis ». J'en passe…

Au printemps, avec ton frère, nous partons tous les trois à PortAventura. Une belle parenthèse où, malgré le mauvais temps, nous profitons du séjour pour nous amuser et resserrer les liens malmenés ces derniers mois.

Malheureusement, à la fin de l'année scolaire, les dissensions pourrissent le climat. Les résultats scolaires ont dégringolé même si tu as finalement accepté l'intervention d'un professeur à domicile. Tu tiens des discours décousus qui, parfois, n'ont aucun sens. Tu as 14 ans et tes propos s'apparentent parfois à ceux d'un petit enfant ou sont démesurément violents. Un contraste déstabilisant.

Je projette de tenter à nouveau le dialogue mais surtout de garder le calme pour éviter de prendre de mauvaises décisions.

— Est-ce que tu peux m'expliquer ce qui se passe en classe ? Pourquoi tu ne veux plus travailler ?

— Je n'ai rien à dire.

— Cela ne te fait rien de voir tes moyennes dégringoler ?

— Rien à foutre.

— Amandine, je suis là pour t'aider. Je vais garder mon calme, j'ai l'impression qu'il se passe quelque chose dont tu ne veux pas parler ?

— Ben voilà.

— Tu ne veux pas de l'aide ?

— Non.

— Est-ce que quelqu'un t'embête, te contrarie ?

— Mais qu'est-ce que ça peut te foutre ?

— Je suis ta maman et je m'inquiète.

Le ton monte. De ton regard noir, tu me lances des éclairs. Tu me fixes sans jamais baisser les yeux.

— Non, erreur, tu n'es pas ma mère, va faire chier Fabien.

— Il vaut mieux en rester là, mais sache que si tu changes d'avis, je suis là, je peux tout entendre. Tout. Tu as le droit d'être en colère, d'en vouloir à quelqu'un ou à la terre entière, de ne pas vouloir me parler et préférer te confier à un autre adulte, à papa ou à qui tu veux. Par contre, je te demande un peu de respect et un autre vocabulaire.

— Je te dis qu'il n'y a rien ! Arrête de penser pour moi ! Tu n'es pas dans mon cerveau.

Au fond de moi se ravive ce sentiment bizarre pour lequel je n'ai pas de mots.

Au-delà de l'adolescence qui démarre sur les chapeaux de roue, quelque chose n'est pas normal : ce regard sombre dans lequel on se perd.

Il faut que Régis et moi accordions notre posture. Chacun évoque l'éducation qu'il a reçue. C'est le grand écart entre liberté totale frôlant l'abandon et autorité extrême frôlant la rigidité. Aucun des deux ne veut y faire écho.

Il faut trouver pour nos enfants un consensus où chacun doit avoir sa place et qui prend en compte l'évolution des connaissances sur le développement de l'enfant et de l'adolescent et de leurs besoins. Je dois surtout laisser une place à Régis car je gère beaucoup de choses. Je suis consciente que le congé parental de trois ans a privilégié une relation de grande proximité avec les enfants. C'est un sujet délicat qui témoigne de la difficulté du rôle de parents surtout quand des problèmes surgissent.

Durant les vacances de juillet, tu pars avec ton frère en colonie en Corse. Tu m'as ramené un bracelet que tu m'offres jovialement en m'embrassant. Tu souris, tu ris, le soleil a déjà bruni ta peau et tu as une mine radieuse. Tu gambades de ta chambre au salon. Je suis ravie de te voir joyeuse et enjouée.

J'en suis sûre : l'amour vaincra et l'adolescence passée, nous rirons de tous les déboires. Il faut juste espérer que cela ne durera pas trop longtemps.

À Banyuls, comme chaque année, tu retrouves cousins et cousines et, dans les Landes, tes grands-parents. Entre mer et océan, l'été file rapidement.

Nous partons au mois d'août en Bretagne. Cela fait très longtemps que j'ai envie de visiter cette région et j'exulte. Nous avons loué une petite maison au calme et préparé pour chaque jour les visites de différents sites.

Dès notre arrivée, chacun choisit son lit et les chamailleries éclatent. Les critiques commencent à fuser car la location est loin de toute civilisation. Mon enthousiasme retombe comme un soufflé. Je mesure effectivement que j'amène des ados et que le modèle habituel est obsolète. Il va falloir composer avec cela. Je reconnais les faits mais je demande de la mansuétude et un effort pour profiter des paysages et des sorties.

Le temps ne nous épargne pas, la bruine et la pluie s'invitent pour quinze jours. Difficile dans ces conditions de faire apprécier balades en bord de mer sur les sentiers bordant les rochers sculptés par le vent et l'eau. Difficile de trouver les arguments pour arpenter les sentiers qui mènent aux menhirs et dolmens et d'écouter l'histoire qui se mêle aux légendes. Les jeunes soupirent, le vent souffle, Régis perd patience, je ne trouve aucune animation intéressante pour briser la mauvaise ambiance. Le séjour tourne au fiasco.

Je promets de faire mieux l'année prochaine !

9

L'amour et l'attention suffiront-ils ? (2008-2009)

L'année de la 3e, la dernière année au collège. Tu te moques de choisir un nouveau sac de classe. D'ailleurs, tu gardes le même. La priorité, c'est le portable que l'on a promis cette année. Le téléphone va rapidement devenir l'accessoire indispensable et, avec les progrès de la technologie, il va même se substituer à l'ordinateur.

Pour commencer, tu as un forfait bloqué, SMS illimités à certaines heures, sans accès à Internet. Tes amis ayant la même chose, tu es ravie et tu promets une année sans nuages.

Un matin, tu te maquilles, ce que, d'habitude, tu fais pendant les vacances. Un peu de noir sur tes cils et un trait de gloss, je ne dis rien.

Tu acceptes que le professeur de maths vienne à la maison mais tu précises que si « cela te gonfle », tu ne feras rien.

Puis, tu étales sur tes paupières du noir charbonneux qui mange tes yeux. Tu remplaces le gloss par un rouge écarlate. Tu es méconnaissable. Pour ne pas entrer en conflit, je passe un contrat avec toi. Ce style de maquillage sera réservé aux week-ends. Tu ne réponds pas. Qui ne dit rien consent ? Hum… Pas longtemps !

Tu décrètes que ce grimage te sied à merveille, qu'il te donne confiance en toi et que tu iras au collège ainsi. Je ne dis rien. C'est tellement hideux que j'espère avoir le soir un mot dans le cahier de correspondance qui fera office de règle. Effectivement, tu te fais reprendre. Tu atténues légèrement la couleur, c'est toujours aussi moche mais comme tu n'as plus de remarque, tu te lèves un peu plus tôt le matin pour réaliser cet étrange masque.

Tu t'intéresses à la mode gothique, je ne vois pas bien l'élégance que tu défends, mais je comprends que c'est un moyen d'opposition et de contestation. Je reste modérée dans les commentaires, pour ne pas renforcer le mécanisme engagé, et je croise les doigts pour que cette passade n'entrave pas les apprentissages et ne complique pas un peu plus nos relations. Aucune de tes amies n'a ce style. Elles sont toutes mignonnes dans leurs vêtements *fashion*, gentilles et polies. Je ne pense pas que tu sois influencée au collège et tu ne sors pas encore en ville.

Les professeurs, à mi-premier trimestre, m'alertent sur la chute vertigineuse des notes. Tu es respectueuse dans tes échanges, tu ne perturbes pas la classe mais tu ne travailles pas. C'est l'année de l'orientation et si tu ne relèves pas la moyenne, il faudra réfléchir à ton devenir.

Je frappe à la porte de ta chambre et j'entre.

— Oh, où tu as entendu que je t'ai dit d'entrer ?

— C'est bon, là. Je pense que j'ai été patiente, je t'ai fait confiance, je…

— Oh, la ferme ! Madame Je-sais-tout !

Le ton monte.

— Ça ne va pas du tout : ton comportement, tes notes !

— Pourquoi tu gueules ? Tu sais faire que ça !

Je chuchote pour contrecarrer la remarque.

— Bon, est-ce que Mlle Amandine est disposée à parler sérieusement, à expliquer ce qui ne va pas ? Ça te va comme invitation ?

— Ce qui ne va pas, c'est toi ! Toi ! Toi ! Toi !

— O.K. Et qu'est-ce que j'ai fait ?

— C'est ta tronche.

— Ce n'est pas très explicite.

— Mais ta gueule ! Dégage !

Je me retire avant d'agir à chaud et de le regretter ensuite. J'enjambe habits, cahiers et peluches qui jonchent le sol dans un sacré désordre. J'ai envie de te mettre une claque ou de te traîner sous la douche froide. Tu as déjà eu droit à ce traitement et, sans surprise, ce fut contre-productif.

J'arrête ton père qui, alerté par les cris et le vocabulaire, va passer à l'acte. Mon intervention à son encontre ne t'échappe pas et je sais que tu sauras t'en servir. Quoi de pire que d'afficher des discordes éducatives ?

Nous n'avons pas la même vision de la situation. Il pense à des caprices et moi, j'évoque à nouveau mon premier ressenti, deux ans plus tôt. Il y a quelque chose de bizarre, quelque chose d'anormal. Je ne sais pas l'expliquer. Pourquoi ce ton haineux ? Ce refus d'argumenter en utilisant des insultes ? Et ce regard à la fois pénétrant et fuyant, encore plus abominable que les vilains mots.

Du lundi au dimanche et du dimanche au lundi, c'est le même scenario. Il est impossible d'engager la conversation sans déclencher une pluie d'injures.

Je pleure beaucoup. Je ne sais plus comment agir. Pas de punition, pas de violence. Poser des limites et t'encourager par des propositions de moments agréables. Ciné, bowling, achats divers et le début des autorisations à prendre le métro pour aller faire un tour en ville.

Le succès est mitigé. Si je parle calmement, tu me reproches de te « prendre pour une gogole ». Si je monte le ton, tu me traites de « connasse » et de « salope ».

Il est temps de consulter. Tu vas avoir 15 ans.

Une psychiatre du centre-ville m'a été conseillée par du bouche à oreille. Je te propose d'aller la rencontrer.

— Que penses-tu d'aller voir une psy ? Tu pourrais parler de ce que tu me reproches ou de ce qui te tracasse ? Car moi, je ne sais pas comment t'aider.

— C'est toi qui penses que j'ai besoin d'aide ! Va la voir, toi. C'est toi qui as des problèmes !

— Cela ne te dérange pas que l'on ne fasse que se fâcher ? Tu n'as pas envie que tout redevienne calme et qu'on passe des bons moments ensemble ?

— T'as qu'à la fermer et tout ira bien.

— Ce que tu viens de me dire, il serait intéressant que tu le dises au psy. Elle saura dire si je dois consulter et pourra m'aider, moi !

— Ouhais, tu me prends pour une conne.

— Je prends rendez-vous et on verra bien.

— Sinon ?

— Je ne te donne pas le choix et si tu refuses, j'aviserai avec papa.

— Fais ce que tu veux, mais moi, je ne lui dirai rien.

Le premier rendez-vous avec le docteur Kiloufou est animé. Elle a presque une heure de retard, ce qui ne va pas faciliter l'entrevue.

Elle nous reçoit dans un premier temps ensemble. J'explique la raison de notre visite en donnant le plus de détails objectifs. Tu me fusilles du regard. Puis, elle te reçoit seule une vingtaine de minutes.

Elle fixe le rendez-vous suivant, nous rentrons à la maison et tu me demandes de me taire. Silence.

Le rendez-vous suivant, ainsi que ceux qui suivent tous les quinze jours, se passent exactement pareil. Docteur Kiloufou est toujours en retard. Elle reçoit Amandine seule puis c'est à mon tour. Elle ne peut rien dire encore car Amandine reste mutique.

À la maison, les crises se succèdent et je reste sans solution. Naïvement, je pensais revenir rapidement avec un mode d'emploi « spécial ado difficile ».

Heureusement, les consultations sont reconduites et, un jour ou l'autre, cela portera ses fruits. Je suis pleine d'espoir, il suffit d'être patiente.

Les moyennes plafonnent un peu au-dessus de 10 et il faut que tu réfléchisses à « un plan B ». Partir en filière générale pour être archéologue semble compromis. Tu vas voir la conseillère d'orientation, tu feuillettes les brochures métiers.

Entre jets d'insultes et portes qui claquent, tu clames que tu veux être réceptionniste dans un hôtel de luxe.

Tu imagines ainsi que tu vas vivre dans l'opulence, rencontrer des gens célèbres et baigner dans le confort.

Il faut trouver les arguments pour te faire comprendre que tu inverses les rôles. Les gens riches seront tes clients et toi à leur service, ce qui risque d'être moins exaltant. Toutes les discussions sont infructueuses. Tu es convaincue que je veux te décourager.

Inutile d'épiloguer, nous ferons l'inscription à l'école hôtelière en seconde pro. Si tu confirmes tes motivations, tant mieux. Sinon, tu ne seras pas la première à changer d'orientation.

Tu choisis donc de faire ton stage de 3e dans un hôtel et tu es consciente que tu ne peux pas y aller fagotée façon Abby dans *Les Experts*.

Nous partons faire du shopping, je suis comme chaque fois préoccupée à l'idée de revenir bredouille et d'essuyer reproches et colères.

Contre toute attente, tu déniches des pantalons, des jupes, des tee-shirts, un blazer et des chaussures à petits talons. La garde-robe est complètement renouvelée. Tu es adorable et les vêtements bien ajustés dévoilent la jolie jeune femme que tu vas devenir.

Nous passons un bon après-midi, complice, bras dessus, bras dessous. Quel bonheur !

Si tu es capable de t'apaiser un jour, qu'est-ce qui peut t'empêcher de t'apaiser toujours ? Ce moment privilégié me laisse espérer. Je te remercie et je te félicite pour ton calme et ta bonne humeur. Tu souris, tu m'embrasses.

Je serai toujours là pour toi, quoi qu'il arrive.

Légèrement maquillée, élégante, tu fais sensation auprès de ton professeur principal venu en visite de stage. Il me dira qu'il a failli ne pas te reconnaître, il est agréablement surpris. Il te complimente, il a trouvé les mots justes, des mots qui t'ont touchée car tu abandonnes définitivement toute excentricité.

Quant au stage, les commentaires des professionnels sont circonspects. Ils n'ont pas relevé une forte motivation pour la profession. Tu as posé peu de questions et montré peu d'intérêt. Toutefois, tu as fait ce qu'on t'a demandé.

Un mercredi de juin, tu rentres du collège, tu caresses Miko, tu montes et tu jettes ton sac dans la chambre. Je rédige un courrier sur l'ordinateur dans une pièce à côté. Tu te plantes à la porte et tu me parles d'un ton arrogant.

— Je vais chez Mélina. [Une amie.]

— Travaille quand même un peu, s'il te plaît. Une heure au moins avant d'y aller. Le brevet approche et tu ne fais plus rien !

— Non.

— Alors tu restes ici.

Tu hurles en renversant tout le contenu de ton bureau.

— Salope, chienne !

Je reste silencieuse. Si je t'ignore, je n'attiserai pas la crise.

Ce n'est pas une bonne idée, tu récidives.

— Salope, chienne. Salope, chienne !

Tu reviens vers moi. Je continue à taper sur le clavier, mais juste pour éviter de te regarder. Je ne me retourne pas. Tu donnes des coups de pied dans la chaise sur laquelle je suis assise. Tu renverses bibelots et documents des étagères. Tu vocifères.

— La-con-ta-race !

Je ne réponds pas. Je pivote et je te regarde sans rien dire. Tu continues encore et encore. Tu es déchaînée. Tu ne peux plus t'arrêter. Les yeux exorbités, la chevelure hirsute, tu ressembles à un pantin désarticulé.

Je serre les dents et je parle le plus calmement possible.

— Stop, va dans ta chambre.

Tu cours, tu claques la porte avec violence, les murs tremblent. Je suis atterrée. Mes jambes vacillent. Je renvoie ton frère dans sa chambre.

Un grand moment de solitude m'envahit.

Je m'apprête à descendre, tu surgis comme un lion sur sa proie, tu me catapultes une chaussure à la figure, j'esquive, elle finit sa course folle contre une vitre qui se brise.

Tu t'enfuis à toutes jambes dans le jardin et tu disparais.

Je prends le téléphone et j'appelle le docteur Kiloufou. Elle avance le rendez-vous de quelques jours. Mais comment se positionner, comment réagir ?

Je ramasse les morceaux de vitre, je pleure.

Dans ces débris, je perçois mon incapacité à gérer une jeune fille de 15 ans, mon incapacité à poser des limites, mon incapacité à éduquer ma fille. La scène qui vient de se produire n'est pas ordinaire, quelque chose ne fonctionne pas normalement, l'adolescence a bon dos.

Fabien est respectueux, capable de répondre poliment. Certes, il monte le ton parfois mais rien de comparable avec sa sœur. Il passe du temps sur ses jeux vidéo et tente d'évincer le cadre posé, ce qui nécessite des rappels aux règles, mais cela reste gérable. Lui rappeler de faire ses devoirs m'oblige à m'égosiller souvent, il n'en fait qu'à sa tête, soliloque en braillant mais n'insulte pas.

Régis rentre du travail, il est furieux. La tension monte car nos avis divergent encore et toujours. Il maintient qu'il faut sévir et je maintiens que l'on peut encore tenter le dialogue et faire confiance au psychiatre qui va bien finir par apporter une solution.

Tu rentres, tu te précipites dans ta chambre pour éviter toute confrontation.

— Amandine, quand tu auras retrouvé le calme, on doit parler. Ce n'est pas admissible ce que tu as fait. Ce n'est pas possible de continuer comme ça.

Je tente doucement d'entrouvrir la porte. Tout est sens dessus dessous mais ce n'est pas la priorité.

Tu me fixes. Tu parles sans trémolo, j'ai du mal à percevoir une émotion.

— Je ne supporte pas quand on me dit non, je sens monter la colère et je ne peux rien faire. Je ne maîtrise rien.

Je m'approche pour te prendre dans mes bras.

— O.K. Tu en parleras au docteur Kiloufou ?

— Putain, mais tu n'as qu'elle à penser ?

J'ai perdu une occasion de me taire. Maladresse. Ne pas parler sans réfléchir.

À la fin de la consultation suivante, je suis impatiente d'échanger avec le docteur. Cette incapacité à gérer la frustration et des crises de cette intensité doivent lui donner un indice de ce qui dysfonctionne et, par conséquent, une solution.

Je n'ai pas de réponse aujourd'hui, mais peut-être rapidement la perspective d'une issue !

Quelques semaines plus tard, tu obtiens ton brevet, tu es admise à l'école hôtelière. Obtenir un diplôme sans avoir fourni de travail te conforte dans l'idée que tu es invincible.

Nous fêtons cette fin d'année scolaire, l'occasion surtout de provoquer un moment convivial, de rapprochement familial. Je veux profiter de toutes les opportunités pour renforcer le lien entre nous.

10

2009-2010

Le passage au lycée s'accompagne de liberté. Tu devras prendre le bus, le métro. La ville s'offre à toi. Je te sens vulnérable, influençable, et je redoute les mauvaises rencontres. Néanmoins, je ravale mes craintes pour t'assurer de ma confiance et je te certifie écoute, aide si tu en as besoin et si tu me sollicites.

Le changement entre un petit collège de village et un grand lycée accueillant des élèves du BEP au BTS est colossal. La filière étant professionnelle, tu vas te confronter au monde du travail. La section hôtelière va également te plonger dans des exigences que tu n'as pas imaginées.

Dès le premier jour, les règles sont posées : la tenue vestimentaire à adopter, le comportement, l'assiduité. En plus de ton sac de cours, tu as une mallette gravée à ton nom contenant une batterie de couteaux et le trousseau de l'étudiante en hôtellerie.

Tu as dû passer chez la couturière pour faire retoucher jupes et vestes, et tu portes l'uniforme avec élégance. Cependant, avant de choisir l'option réceptionniste, il va te falloir apprendre le service et la cuisine. Tu n'as aucune appétence pour cette dernière.

Dès la fin du premier trimestre, je suis convoquée.

— Madame, je vous ai demandé de venir car il y a un souci avec Amandine. Elle ne montre aucun intérêt pour cette formation. En cours, elle rêve. Certes, elle ne dérange pas ses camarades, mais elle ne fait rien. Dans les cours pratiques, il n'y a aucune motivation.

— Je ne suis pas surprise. Je ne sais pas pourquoi elle a choisi ce BEP. Elle ne fait jamais la cuisine à la maison et ne sait même pas qu'il y a une queue à la casserole.

— Vous pensez qu'il y a erreur d'orientation ?

— Incontestablement. Peut-être faudra-t-il qu'elle change de filière ? Et surtout, comment lui permettre de découvrir d'autres milieux ?

— Il faut d'abord s'assurer que c'est ce qu'elle souhaite.

— Vous m'avez demandé de venir pour me faire part d'un échec complet ce trimestre ? Et vous considérez qu'elle n'a pas sa place ici ? Je suppose que, sans progrès, elle sera renvoyée ?

— Nous ne sommes qu'à la moitié du premier trimestre et après discussion, elle peut encore se ressaisir. Elle ne perturbe pas les cours.

— Si c'est au troisième trimestre que vous prenez la décision d'un changement d'orientation, j'ai peur que ce soit trop tard pour faire les démarches.

— L'équipe éducative va se réunir, s'entretenir avec votre fille, et nous fixerons un rendez-vous en sa présence.

— Très bien, bonsoir.

— Bonsoir madame.

Depuis la rentrée, tu ne fais pas de grands commentaires sur tes cours et la vie au lycée. Tu pars, tu rentres, tu n'ouvres pas tes cahiers. Tu parles des copains et tu décris quelques anecdotes amusantes. Il y a ceux qui ont le profil du chef cuisinier et ceux qui ont oublié de brancher leurs neurones.

J'aborde la discussion que j'ai eue avec ton professeur, posément. Tu es toujours sur le fil du rasoir et un mot peut tout faire basculer vers la crise. Je redouble d'attention pour ne pas faire de faux pas, puis j'entre dans le vif du sujet.

— Tu peux me dire franchement si tu souhaites continuer en hôtellerie ? Il n'y a rien de grave à se tromper.

— Il faut vraiment que tu viennes casser les couilles. Qu'est-ce que t'avais besoin d'aller parler au prof ?

— J'ai été convoquée, j'y suis allée.

— Mais putain, tu n'es pas dans mon cerveau ! Quand est-ce que tu vas te le foutre dans le crâne ?

La porte claque. J'ai encore perdu une occasion de me taire ou de trouver les mots justes. Je sursaute, mes yeux papillotent en réponse aux murs qui tremblent. Mes jambes défaillent comme chaque fois que j'affronte cette situation.

Je respire profondément, je fais venir à moi des pensées positives. Ce sont des années difficiles mais, un jour, ce ne sera plus qu'un mauvais souvenir. Garder le calme, calmer le père, rassurer le fils et laisser passer la tornade.

Nous arrivons à force de propositions à envisager qu'il y a peut-être une profession qui te plairait davantage et où tu aurais plaisir à apprendre. Tu es douée en dessin, en arts plastiques, tu as de l'or dans les doigts. Les recherches s'acheminent vers bijoutier, horloger, couturière, prothésiste dentaire, tatoueur.

Tu prêtes attention aux documentaires, tu te projettes et j'appelle les centres de formation pour connaître les modalités d'inscription.

Des stages de découverte sont possibles et, pour y accéder, il faut que des documents soient validés par le lycée qui t'accueille à ce jour.

Je prends rendez-vous et une rencontre est fixée en ta présence. Je me réjouis d'apporter une nouvelle perspective à ta scolarité pour l'année prochaine car le deuxième trimestre est encore plus mal engagé que le premier.

La professeure principale nous reçoit. Je suis déléguée des parents et, de ce fait, j'ai entendu les commentaires peu élogieux de tous tes professeurs au conseil de classe.

— Amandine, qu'en penses-tu, toi, de tout ça ? demande ta professeure.

Pas de réponse.

— Est-ce que tu te plais ici ?

— Oui, j'ai des copains.

Je comprends que mon intervention n'est pas la bienvenue. Je laisse la conversation se poursuivre sans intervenir.

— Qui fait des recherches pour une réorientation ? Toi ou ta mère ?

— Ma mère.

— Tu en penses quoi ?

— Rien.

— Tu souhaites aller faire ces stages ?

— Bof.

Je ronge mon frein. Mais qu'est-ce qu'elle cherche ? Je ne comprends pas la démarche. Amandine ne travaille pas, n'a aucun intérêt quelle que soit la matière et elle commence à sécher des cours. J'ai juste besoin de faire signer des conventions pour qu'elle découvre de nouveaux environnements professionnels et qu'elle puisse choisir de continuer ou pas dans cette discipline. Juste éclairer ses choix.

La prof me regarde d'un air dédaigneux puis continue l'interrogatoire.

— Est-ce que tu es prête à faire des efforts ?

— Oui.

La professeure me fixe.

— Madame, Amandine a fait son choix. Il y a parfois un temps d'adaptation dont il faut tenir compte. Le passage du collège au lycée professionnel peut être un grand bouleversement.

J'ose une réplique.

— Certes, mais ce qu'elle manifeste n'est pas une difficulté d'adaptation ou un besoin de cours de soutien. C'est, d'après votre appréciation sur le bulletin et celles de vos collègues, un désintérêt complet. De plus, j'ai bien vu au conseil de classe que certains élèves avec des notes supérieures mais avec un comportement dérangeant étaient menacés d'être renvoyés. Quand vous dites qu'Amandine ne dérange pas la classe mais qu'elle rêve, donc qu'elle n'écoute pas, peut-être est-ce une façon d'exprimer qu'elle se moque complètement de ce qu'on attend d'elle ?

Tu me décoches des éclairs, je te sens prête à me bombarder avec un jet d'injures. Tu te lèves, tu quittes la pièce.

— Bon, pour les signatures, je dois aller voir la direction ?

— C'est inutile, il est clair qu'Amandine ne le souhaite pas.

Sous le coup de la surprise, je reste sans voix. Je la salue et je rejoins ma fille qui m'attend dans la voiture, d'une humeur massacrante.

Je suis humiliée et je dois subir maintenant une avalanche de reproches.

— Ben voilà, même la prof a vu que t'es complètement folle ! Ha ha ! Bien fait !

Tu vas avoir 16 ans.

Ta chambre est devenue un capharnaüm. Tu refuses de mettre le linge sale à laver. Il recouvre le sol et se mélange au linge propre que tu ne ranges pas dans l'armoire. Si je le range, tu le sors et tu le mets par terre. Je tente une panière qui, éventuellement, centraliserait le bric-à-brac.

Peine perdue. Elle valse et va se nicher entre vêtements, peluches, papiers froissés, cahiers, tablier de cuisine… Finalement, peut-être finiras-tu par y parvenir sans injonction, quand tu n'auras plus rien à te mettre.

Il semble loin le temps où, pour lutter contre les acariens, ta chambre ressemblait à un bloc opératoire stérilisé.

Tu te moques de tousser, tu te plains à peine d'avoir mal aux côtes tellement les quintes sont fortes.

Seul Miko est heureux de se prélasser sur autant de chiffons.

Au milieu de ce bazar affleurent de-ci, de-là des paquets de tabac. Ton père fume. Tu as participé à l'école à toutes les conférences sur les risques. Je ne vais pas te faire la morale. Je pose juste le cadre : interdiction formelle de fumer dans la maison.

Les effluves de transpiration se mêlent à la pestilentielle senteur de renfermé et, en note de fond, une touche de tabac froid. Les odeurs nauséabondes ne t'empêchent pas de respirer.

Il est évident que nous n'avons pas les mêmes récepteurs olfactifs.

Il faut tout de même au minimum éviter la dégradation de la maison.

— Amandine, pourrais-tu, s'il te plaît, aérer pour éviter qu'apparaissent des moisissures sur les murs ?

— Ouais !

— Je te demande de fumer à l'extérieur, ça sent la cigarette !

— Quoi ? Je fume dehors, je me mets sur l'avant-toit.

— Assise sur l'avant-toit ? N'importe quoi ! Tu ne peux pas descendre ?

— Non, t'as dit dehors, je suis dehors !

Le ton monte, tu claques une fois de plus la porte avec une telle force qu'elle se dégonde.

Ton père monte, fait un commentaire, il est en colère. Tu réponds, tu ne te laisses pas abattre.

— Ta gueule, toi, fils de pute !

D'habitude, j'ai le privilège des injures. Je retiens Régis qui est hors de lui. J'ai tellement peur qu'il arrive un accident. Un geste malheureux, un coup, une bousculade et une chute dramatique. C'est le scénario catastrophe que je crains quand l'exaspération dépasse la raison.

Il faut aussi que j'aborde la question de l'hygiène corporelle. J'attends quelques jours l'occasion d'un moment propice.

Tu ne te laves plus quotidiennement. Seuls tes cheveux bénéficient d'un traitement de faveur.

Ce mois de février 2010, la météo est exécrable et un matin, avec une température de – 5 °, tu pars en tee-shirt, sans manteau. Tu clames que tu n'as pas froid.

Décidément, nous n'avons pas les mêmes thermorécepteurs.

Tu ne veux plus mettre tes lunettes ni les semelles dans tes chaussures. Tu es en opposition pour tout, même pour ton confort.

Tu ne travailles toujours pas en classe, tu vas au lycée juste pour voir tes amis.

Au cours de l'hiver, tu as une énième bronchite et une infection urinaire. Tu as 39 ° de température, des cernes et vraiment mauvaise mine. Tu me demandes de t'accompagner chez le médecin généraliste. Je mets à profit cette visite pour confier mes craintes face à ce comportement qui s'enkyste, malgré la prise en charge chez la psychiatre. J'obtiens son attention. Il faudra m'en contenter. Il me demande juste de le prévenir si la température ne descend pas car il faut surveiller une complication probable et envisager une hospitalisation en cas de pyélonéphrite.

Nous repartons avec une ordonnance. Tu me sommes de te ramener à la maison avant d'aller à la pharmacie. Je n'ai pas envie d'entrer dans une sempiternelle dispute. Je suis fatiguée. Je m'exécute.

Tu es assise à la table de la salle à manger. À ton regard, je sais que tu vas me reprocher les paroles que j'ai échangées avec le médecin, la prise de bec est inévitable et je redoute la tournure que cela va prendre.

Je dépose les médicaments. Tu saisis le sachet en papier, tu sors prestement la plaquette de cachets. Tu en désopercules quelques-uns et tu me lacères du regard.

— Avale, boniche, chienne, sale pute !!

Aussitôt dit, les petites pilules déferlent sur moi. Je reste sans voix, choquée. Mais jusqu'où te conduira cette colère que tu ne peux pas contenir ? Elle te ronge et ma seule réponse est le silence que tu interprètes comme de l'indifférence.

Tu ne prendras pas ton traitement, ni celui-là ni les suivants.

Un an de suivi chez le docteur Kiloufou. Je te traîne aux rendez-vous et chaque consultation est précédée d'une crise de colère. Je n'ai pas d'argument favorable, tu as raison, elle est toujours très en retard, une à une heure et demie.

Ton nouveau téléphone et le forfait illimité ne suffisent plus à dissiper ton impatience.

Il n'y a aucune amélioration de ton comportement et, pire, une aggravation. Cela ne peut pas s'appeler l'adolescence.

J'ai l'intention de ne pas quitter le cabinet médical sans une autre hypothèse ou au moins un traitement thérapeutique ou autre pour t'apaiser, une conduite à tenir, des conseils…

Docteur Kiloufou termine d'inscrire ses notes sur l'ordinateur. Elle m'invite à m'asseoir et dès qu'elle relève la tête vers moi, je l'assaille de questions.

Amandine attend dans la salle d'attente la fin de mon entrevue.

La psychiatre me sourit puis elle me rend compte de son évaluation.

— Il est trop tôt pour poser un diagnostic précis. Amandine est au clair avec l'adoption. Ce n'est pas le problème. Plusieurs hypothèses sont envisageables. Une adolescence exacerbée et tout rentrera dans l'ordre petit à petit ou un trouble du caractère voire de la construction de l'identité pouvant évoluer vers une pathologie psychiatrique. Inutile de culpabiliser : dans sa famille biologique, elle aurait eu les mêmes soucis car, dans ce cas, il s'agit d'un dysfonctionnement physiologique. Surtout, il est bien trop tôt pour poser un diagnostic précis et définitif.

— Concrètement, au quotidien, qu'est-ce qu'on fait ?

— Vous posez des limites. Vous surveillez en gardant de la distance. Vous continuez les consultations et il serait intéressant d'envisager une séparation, un internat.

Quelle ordonnance ! Poser des limites ! Surveiller à distance ! Qu'est-ce que ça veut dire ? Régis m'envoie balader avec ces conseils de psy qu'on ne sait pas décrypter. Une piste concrète reste à exploiter : l'internat.

Je soumets cette requête au lycée hôtelier en expliquant la nécessité de l'éloignement familial. Il reste un trimestre.

La réponse est sans appel. La distance entre le lycée et le domicile est insuffisante et Amandine n'étant pas d'accord, la directrice ne prend pas le risque d'une fugue.

Amandine est ravie de cet épilogue. En définitive, elle obtient ce qu'elle veut. Elle sait que la violence et les menaces sont des outils fonctionnels et cela affermit sa toute-puissance.

Souvent, je pleure. Les larmes lavent ma peine. Elles me permettent de décharger ma colère, mon impuissance et, mystérieusement, de me redonner du courage.

Je t'entends exulter en passant derrière la porte.

— Pleure, tu pisseras moins !

Toi, par contre, tu ne pleures jamais.

Je rêve qu'un jour, tout cela ne sera plus qu'un mauvais souvenir. Je fais taire la petite voix qui me dit l'inverse.

Lors du conseil de classe du troisième trimestre, les observations négatives pleuvent. Certes, rien à dire au niveau du comportement sauf que tu dors en classe. Mais les notes amènent à réfléchir à un éventuel renvoi, le redoublement n'étant pas envisageable.

La directrice, qui ne fait pas la corrélation entre les parents délégués et leur progéniture, s'exclame en levant les bras d'un ton condescendant :

— Mais que font les parents ?

Je me lève.

— Ils sont là ! Madame, au mois de février, j'ai proposé une réorientation, avortée dans l'œuf par le professeur principal et l'équipe éducative. Je vous ai sollicitée pour une place à l'internat pour tenter de palier les difficultés relationnelles à la maison. Un renvoi maintenant équivaut à la fin de la scolarité puisque Amandine a 16 ans. Sans aucune projection car il est trop tard pour une inscription dans une autre structure.

Pas une mouche ne vole, silence. Toutes les têtes sont baissées.

Je sors de la classe durant les délibérations.

Un long moment plus tard, la porte s'ouvre et je suis invitée à regagner ma place.

La directrice prend la parole, cette fois avec bienveillance.

— Amandine va passer en terminale BEP. Dès la rentrée, nous proposerons une rencontre avec le conseiller d'orientation et le médecin scolaire.

Nous rentrons ensemble à la maison. Tu ne me poses aucune question. Je t'informe de ton passage en terminale BEP et de la proposition des profs de rencontrer médecin scolaire et conseiller d'orientation. Tu ne réponds pas. Tu textotes et je ne sais pas si tu as capté ce que je viens de dire.

L'été, après les traditionnels séjours chez les grands-parents et chez les cousins, nous partons au cap d'Agde où nous avons loué un mobile home avec mon amie Sandrine et ses enfants. Dans le camping, il y a toutes les commodités et toutes les animations pouvant plaire aux ados.

Les vacances, cette fois adaptées, ramènent sourires et bonne humeur.

11

SOS Parents en détresse (2010-2011)

Dès la rentrée, tu rencontres une seule fois le conseiller d'orientation et une idée lumineuse éclaire, mieux, éblouit le bureau. Tu vas passer ton bac, puis tu vas te diriger vers une mention complémentaire barman. Tu vas étudier et mettre toutes les chances de ton coté.

Le médecin scolaire me reçoit et te reçoit. Elle m'informe qu'elle a établi un bon contact avec toi. Les faits que tu lui as racontés l'ont terriblement touchée et elle va t'accueillir régulièrement. Elle promet de me tenir au courant de l'évolution. Je lui laisse le numéro de téléphone du docteur Kiloufou.

J'imagine une collaboration fructueuse. Une lueur d'espoir… Je ne dois négliger aucune piste d'intervention.

Un jour, le téléphone sonne :

— Madame, c'est l'école hôtelière. Amandine est absente ce jour sans motif.

— Merci de me prévenir. Je vais essayer de la joindre et je vous rappelle.

Amandine me répond et m'informe qu'elle est à l'infirmerie. Je demande à parler à l'infirmière.

— Permettez-moi d'être surprise d'apprendre que ma fille est souffrante et que je ne sois pas prévenue.

L'infirmière me répond avec un ton méprisant.

— Je ne suis pas tenue de faire part de tout ce qui se passe à l'infirmerie. Certains malaises ne nécessitent pas forcément une consultation médicale. Certains élèves ont parfois besoin d'un espace de parole. Amandine en a besoin régulièrement.

Je réponds, sarcastiquement :

— Que ma fille vienne se confier, madame, j'en suis ravie. Je ne vous demande pas de me raconter la nature des échanges. Si vous pouvez l'aider, je vous en serai éternellement reconnaissante. Toutefois, que je ne sois pas prévenue qu'elle passe des heures hors des cours alors qu'elle est mineure, je trouve ça discutable. Et que l'on m'appelle pour me dire qu'elle est absente des cours sans motif, je trouve ça inadmissible ! Ayez au moins, s'il vous plaît, l'obligeance de prévenir la vie scolaire.

L'incident est clos.

— Abyssal ! Abyssal ! En trente ans de carrière, je n'ai jamais vu cela !

Je suis assise comme à tous les conseils de classe en face du cercle d'enseignants. Je ne baisse pas les yeux, je vois des regards désolés et je lis chez d'autres l'agacement, l'impatience, la peine perdue.

À vrai dire, « abyssal » est le mot juste pour décrire l'ampleur du désastre en classe.

Les résultats ne peuvent pas aller plus bas. Amandine reste parfois dans les couloirs du lycée sans entrer dans la classe. Elle va voir ses camarades, tout simplement. Personne n'évoque la réorientation ratée, il est possible que tout le monde fasse profil bas en attendant la fin d'année scolaire et « basta ».

Le médecin scolaire ne me recontactera jamais et je pense que même le conseiller d'orientation a baissé les bras. Je n'obtiendrai pas de soutien par ce biais.

À ce jour, planifier des études n'est pas la priorité. Tu n'es plus du tout à l'écoute. Tout sujet de discussion finit par des injures, des portes qui claquent, des projections d'objets. Tu t'enfermes dans ta chambre désordonnée et je ne peux m'empêcher de penser que ton cerveau est à cette image.

Je dois absolument trouver de l'aide. Tu vas avoir 17 ans. Les années passent et « adolescence exacerbée » n'est plus du tout le terme approprié, j'en suis convaincue.

Tu t'exprimes toujours avec les mêmes tournures de phrases. Tu parles comme un disque rayé.

Ce qui m'interpelle, c'est que ton raisonnement, ton discours, tes reproches, tes injures n'évoluent pas depuis que tu as 13 ans. La violence s'intensifie mais pas le vocabulaire. On dirait que tu t'es pétrifiée ce jour de juin 2007.

Tu ne veux plus te rendre chez le docteur Kiloufou. Toutefois, tu obtempères car tu es persuadée que je paye les consultations. Cela te fait jubiler de me faire gaspiller de l'argent.

Tu sors de la salle de consultation avec un sourire narquois, tu me scrutes sans sourciller. Dans tes yeux brille la lumière de la victoire. Durant ces deux années de suivi, chaque séance se passe en trois parties. Nous sommes reçues chacune à notre tour puis ensemble. Tu ne caches pas « ton caractère » et tu m'infliges tes reproches.

Ce mardi de décembre, la psychiatre ne nous réunit pas et, d'un geste, m'invite à m'asseoir.

— Amandine refuse de parler. Elle se mure dans le silence ou tourne en boucle les mêmes griefs. Elle a 17 ans, elle n'est pas partie prenante de la thérapie. Cela ne sert à rien de continuer pour l'instant.

Je suis anéantie.

— Qu'est-ce que je vais faire ? Vous voyez bien qu'elle ne va pas bien ? La famille est en train d'exploser. Je me dispute avec son père qui menace de la mettre dehors dans un an, à ses 18 ans. Elle a l'apanage de notre attention. Son frère grandit dans une ambiance gangrénée !

— Effectivement, une rupture familiale peut être bénéfique. Je vous conseille d'aller à la maison de l'adolescence, de rencontrer une assistante sociale. Soyez également vigilante car elle pourrait être tentée de prendre de la drogue.

— Et les crises, docteur ? Vous pensez que c'est l'adolescence et que ça va disparaître aussi subitement que c'est apparu ? Et la drogue ! Comment la protéger ? Elle n'écoute rien et, pire, elle fait l'inverse de ce qu'on lui conseille !

— Vous faites le 15.

— Comment ça, le 15 ?

— Vous serez conseillée et dirigée.

Elle se lève. Je comprends que l'entretien est terminé.

— Au revoir, madame. Tenez-moi au courant.

Ma voix chevrote, je retiens mes sanglots.

— Au revoir.

Tu as le téléphone greffé à tes doigts, tu envoies des messages et tu passes devant moi.

J'entends le chuintement de la vieille porte se refermer dans mon dos. Le cabinet médical est situé au deuxième étage d'un immeuble cossu du centre-ville.

Je ne prends pas l'ascenseur. Je descends lentement les marches de l'escalier en bois. Lentement, en écoutant chaque craquement sous mes pas. Lentement, pour laisser les larmes couler.

Je suis perdue, démunie, abandonnée.

Je ne dois pas m'apitoyer trop longtemps. Je dois me ressaisir rapidement et me mettre en quête de nouvelles pistes pour dénicher de l'aide.

Je ne fais pas de commentaires sur l'arrêt de la prise en charge pour ne pas réactiver de tensions.

Albert Einstein écrit : « Un problème sans solution est un problème mal posé. »

Le problème est-il comportemental, éducatif, médical ? Ou reste-t-il des hypothèses à exploiter ?

Quelques jours plus tard, tu me demandes d'aller au cinéma avec ton amie Mélina.

— O.K. Tu m'appelles vers minuit et je viens vous chercher.

— Oui, super. Merci maman.

Tu es calme, tu m'embrasses.

À minuit, le téléphone ne sonne pas et tu ne réponds pas à mes appels. J'appelle Mélina. Elle n'est pas avec toi et elle n'a pas été au cinéma. Je suis inquiète.

Un peu plus tard, je reçois un SMS :

J'ai trop bu, je dors chez un copain.

Je réponds :

Où es-tu ? Je viens te récupérer ? Réponds, je ne te gronderai pas. Amandine, appelle-moi. Qui me dit que c'est toi qui as écrit ce message ? Rassure-moi, c'est la moindre des choses.

Je laisse des dizaines de messages et j'appelle en boucle. Répondeur.

Plus de nouvelles. J'attends 24 heures et je franchis les portes de la gendarmerie.

J'explique les éléments en ma possession. J'insiste sur le fait que nos relations sont tendues et sur la vigilance que m'a conseillée le docteur Kiloufou.

L'agent de police donne ton signalement pour que tu sois interpellée si tu tombes par hasard sur un contrôle en ville.

Il tente ensuite de me rassurer sur une attitude courante chez les adolescents en crise. Tu vas avoir 17 ans, ils ne vont pas déclencher l'alerte enlèvement.

Je dois prévenir dès que tu rentres et tu recevras une convocation pour venir t'expliquer. Dans 48 heures, je reviens si je n'ai toujours pas de nouvelles.

Je n'ai pas d'autre solution que de rentrer et de faire confiance.

Tu reviens après deux jours sans nouvelles. Tu ouvres la porte, tu jettes ton sac. Avant que l'on ne prononce un mot, tu hurles :

— Alors vos gueules ! T'es complètement folle. T'as vu combien de messages tu as laissés ? Même les keufs m'ont appelée !

Tu es furibonde, tu pointes ton doigt vers moi, tes yeux sont exorbités, tu postillonnes.

— C'est votre faute, ta faute. Vous me faites chier et j'ai voulu prendre l'air loin de cette ambiance de merde ! Ce n'est pas la peine de parler, j'en ai rien à foutre !

Ton père se lève et, comme chaque fois, je redoute un accès de violence. Tu es plus rapide, tu te rues dans la chambre. Je propose qu'on remette la discussion à plus tard et qu'on te laisse dormir. Noël approche et, dans deux jours, nous devons partir chez les grands-parents.

Régis me reproche ma psychologie à deux balles qui ne donne aucun résultat et pire encore. Quant à moi, je lui reproche de ne vouloir utiliser que la violence : si elle était utile, ça se saurait. Tu nous entends déblatérer, tu te forces à rire et tu te moques de notre impuissance à nous parler sereinement.

Si le père Noël a dans sa hotte des bouteilles de patience, qu'il dépose son stock dans ma chaussure !

Que la magie de Noël opère et que, durant ces vacances, l'apaisement soit avec nous !

Je veux aussi te rappeler que même si je suis triste de toute cette colère que je ne comprends pas, si j'agis à côté de la plaque ou si, parfois sidérée, je n'agis pas, tu peux compter sur moi. Je suis là et je serai toujours là.

Nous t'accompagnons quelques semaines plus tard au rendez-vous fixé par la gendarmerie. Cet entretien est pédagogique. Nous sommes à l'affût de toutes les propositions qui pourraient nous sortir de la panade.

Tu n'es absolument pas intimidée face aux questions de l'adjudant. Tu racontes tranquillement ta soirée.

— Je n'avais pas du tout l'intention d'aller au cinéma. Je voulais prendre l'air. Mes parents ne m'auraient pas permis de sortir si j'avais dit ça. Je suis allée dans le centre-ville et j'ai marché sans but précis. J'ai appelé un copain qui m'a invitée à venir chez lui. J'ai bu, je n'étais plus en capacité de rentrer, j'étais fatiguée, je me suis endormie pendant plusieurs heures.

La personne s'entretient un assez long moment avec toi pour te formuler quelques règles élémentaires.

Tu repars, tu as écouté mais pas sûr que tu aies entendu.

Février est le mois de nos anniversaires respectifs. Ce soir-là, c'est le mien et je pars le fêter avec une amie. Tout est calme à la maison. Fabien joue sur sa Xbox, c'est le week-end et il peut veiller. Tu es agrafée à ton téléphone, il est devenu une prothèse voire un organe vital.

Vers 21 heures, tu vas réveiller ton père (il se couche toujours très tôt) pour le contraindre de t'amener au métro. Tu ne veux pas évoquer tes projets et, surtout, tu es exaltée. Il refuse. Tu hurles, tout le quartier peut t'entendre. Tu te précipites dans le jardin et tu jettes des gravillons sur les vitres. Tu récidives encore et encore. Il m'appelle, dépité.

Je quitte ma soirée et je rentre.

La scène est surnaturelle. La sueur perle sur ton front. Tes cheveux éparpillés se disséminent sur ton visage. Il n'y a plus de trace du lissage que tu effectues plusieurs fois par jour car tu ne supportes pas une seule mèche rebelle. Tes yeux rougis par la colère envoient un message d'hostilité sans commune mesure. Tu cours entre les plantes, en zigzaguant, tu hurles. Si tu étais actrice, je dirais que tu joues à la perfection le rôle de possédée par le diable.

— Attrape-moi, connard, fils de pute ! Allez, fous-m'en une, je n'en ai rien à foutre ! T'as rappelé la boniche ! Haha !! Hihi !! Bande de débiles !

— Arrête ! On n'a pas l'intention de te taper. Il faut que tu te calmes. Ce n'est pas possible de te mettre dans des états pareils. On ne peut pas céder à tes injonctions, tes caprices, tes « je veux maintenant, tout de suite ». Le chantage n'est pas une solution.

Tu menaces de mettre le jardin en miettes. Tu saisis les pots de fleurs et tu les brandis en direction de la baie vitrée de la véranda. Tu sais que cela va faire dégoupiller ton père.

Il se précipite sur toi, te fait lâcher le pot et il te maintient fermement. Tu es menue, pas très grande, mais ta force est décuplée et ses 80 kilos semblent dérisoires.

Je ne dois pas pleurer et être efficace. Il est temps de faire le 15.

Ton frère joue sur sa Xbox, casque sur les oreilles. Il n'a rien entendu, ni les cris, ni l'ambulance qui t'emmène vers les urgences psychiatriques. Je lui dis que nous partons pour l'hôpital. Il est doué pour dédramatiser toutes les situations. Il a de l'humour et fait preuve de maturité mais tous ces événements ne sont pas banals et je crains qu'un jour ou l'autre, cette mauvaise ambiance ne rejaillisse sur lui.

Après une attente interminable, tu es examinée par un psychiatre et, à notre tour, nous exposons la situation. Il est à l'écoute de notre désarroi, il ne porte aucun jugement.

Plusieurs heures plus tard, le médecin nous reçoit à nouveau.

— Amandine est calme. Rien ne s'oppose à son retour à la maison. Cependant, je peux la garder 48 heures voire plus si vous avez besoin de vous ressourcer.

— Elle va recevoir des soins ?

— Elle sera en observation.

— Juste pour qu'on se repose ? Mais après ?

— Je ne peux rien vous proposer de plus ce soir.

Régis est favorable à cette proposition, mais dans deux mois, ce sont les épreuves du BEP. Tu es mal partie pour l'obtenir. Si tu restes à l'hôpital pour qu'on se détende, tu nous rendras responsable de ton échec.

Je ne suis pas à l'aise avec cette proposition. Finalement, c'est nous qu'il faut soulager et on nous offre du répit en t'enfermant.

À aucun moment, le médecin ne parle de toi, de ce qui t'anime, et il ne fait allusion à aucun dysfonctionnement.

Nous regagnons tous les trois notre domicile. Dans la voiture, personne ne parle. Tu as retrouvé les expressions de l'enfance et tu sembles fragile.

Les jours qui suivent, tu es placide. Nous partageons shopping, cinéma. Je n'engage pas la conversation sur des sujets fâcheux. Je fais des allusions à tes amis avec adresse, pour ne pas t'indisposer. Je soupçonne que certaines de tes fréquentations ne sont pas recommandables. Tu éludes les questions, je n'insiste pas.

Une rémission salvatrice durant laquelle tu m'écris des textos.

Je m'excuse, maman, je suis trop orgueilleuse pour reconnaître mes erreurs. Je t'aime, maman.

Finalement, le téléphone portable n'a pas que des travers, il devient même un étonnant moyen de communication pour le meilleur mais aussi pour le pire.

Moi aussi, je t'aime.

Le répit est de courte durée et je poursuis mes investigations. Je prends rendez-vous à l'UTAMS (Unité territoriale d'actions médico-sociales). Je rencontre l'assistante sociale et Mme Dilivi, une psychologue à qui je confie mes difficultés.

La psychologue est sereine. Elle connaît bien le sujet et apporter des pistes de solutions ne lui pose pas de problème. Peut-être une lueur au fond du tunnel ? Toutes les attentions me redonnent confiance et me laissent imaginer que je tiens le dénouement.

Venue par la force, tu ne te présentes pas sous les meilleurs auspices.

Tu entres dans le bureau en grommelant. Tu as ton regard caustique, tu claques la porte.

Du couloir, j'entends des éclats de voix, des bruits de meubles que l'on déplace. Tout d'un coup, une personne vient à la rescousse. Elle ressort, te tient par le bras. Tu te débats, tu insultes le monde entier et tu décampes à l'extérieur.

Me voilà face à la psychologue qui a perdu toute son assurance. Le bureau est sens dessus dessous.

— Il est impossible d'avoir une conversation. Elle n'écoute pas. Elle m'a insultée, elle est hystérique. C'est la première fois de ma carrière que je rencontre une telle situation !

Effectivement, je vois le désordre sur la table et une chaise les quatre fers en l'air. Je ne sais pas si j'ai envie de pleurer ou de rire devant l'air ahuri de la psychologue qui n'a pas mis longtemps à perdre son sang-froid.

— Madame, vous comprenez pourquoi je suis venue vous voir ? Ma fille a besoin d'aide, de soins, je ne sais pas. Ne serait-il pas possible de faire intervenir une personne à domicile ? Une AEMO ?

(Il s'agit d'une mesure d'assistance éducative prononcée par un juge des enfants lorsque les détenteurs de l'autorité parentale ne sont plus en mesure de protéger, d'éduquer leur enfant dont la santé, la moralité, la sécurité, les conditions d'éducation ou le développement sont gravement compromis.)

— Ce n'est même pas la peine d'y penser. Le cas de votre fille ne relève absolument pas de ce dispositif. Il y a des enfants dont la situation est bien plus dramatique et qui n'ont pas de famille pour les soutenir.

— Vous convenez qu'il y a un problème tout de même et que nous sommes en difficulté pour lui apporter un soutien ?

— Oui, il y a un problème mais votre fille a la chance d'avoir une famille aimante qui cherche des solutions et qui reste présente.

— Et la solution, je la trouve où ?

— Nous allons nous réunir en équipe et je vous fixe un rendez-vous pour refaire le point.

Sans surprise, tu n'obtiens pas le BEP. Tu as même oublié d'aller à une épreuve. Je retrouve trop tard la convocation, elle traîne au milieu du bazar habituel.

Le jour des résultats, tu ne rentres pas à la maison, tu disparais deux jours, sans donner signe de vie.

Deux jours, juste assez pour que je m'inquiète, pas assez pour se mettre à ta recherche. Tu reviens et avant que l'on ne prononce un mot, comme tu en as pris l'habitude, tu te plantes devant moi, les yeux dans les yeux. Tu hurles.

Tu tournes les talons. Ton père veut te retenir et, les jambes tremblantes, je le supplie de ne pas user de violence. Il consent et se retourne vers moi.

— Dans sept mois, elle a 18 ans. Si elle ne s'est pas calmée, c'est dehors ! Tu m'entends : de-hors ! Qu'elle se démerde et qu'elle aille bosser !

Cette idée n'est pas soutenable. Je veux répliquer mais Régis est en colère.

Tu changes de code vestimentaire, tu remplaces petites jupes et élégants pantalons par treillis et larges sweat-shirts qui étouffent ta silhouette svelte.

L'année scolaire s'achève, tu n'as aucun projet pour la rentrée, tu n'as pas voulu chercher de job pour l'été. Tout est sujet à polémique. Une impasse.

Nous sommes à table. Comme tous les jours et à tous les repas, tu manges un sandwich au jambon de pays et du Saint Agur. Tout à coup, ton téléphone bipe. Tu lis le message. Nous ne faisons aucune remontrance. Chacun serre les dents. Nous voulons nous préserver d'une crise.

Sans aucun scrupule, tu nous donnes des ordres.

— Bon, à 21 heures, il faut m'amener au métro.

— Amandine, on ne peut pas accepter que tu parles sur ce ton. On n'est pas tes larbins ! Tu peux au moins dire « s'il te plaît » et éventuellement nous informer de ce que tu vas faire ? Avec qui ? Comment et quand tu comptes rentrer ?

— Mais putain qu'est-ce que ça peut te foutre ?

— Tu habites dans cette maison. Il n'y a rien d'extraordinaire à te demander de nous dire quand tu rentres pour qu'on ne s'inquiète pas, ou promettre d'envoyer un message. Et la politesse et le respect ne sont pas des options.

Tes yeux rougeoient. Ce regard, je le connais par cœur. Je sens bien que nous allons revivre un cataclysme.

— Vous faites exprès de me faire péter un câble, bande de connards !

Tu saisis le jambon de ton assiette.

— Tiens, bouffe, chienne !

Je le reçois en plein visage. Tu utilises les mêmes armes, les mêmes injures et les mêmes gestes de violence. Des scènes en boucle. Un hamster qui roule dans sa boule.

Tu cours autour de la table, hystérique ! Régis s'est éclipsé et fait le 15. Aucun médecin ne peut se déplacer. Il faut donc passer par la gendarmerie avant que le Samu n'arrive.

Lorsque les gendarmes arrivent, je suis effondrée. Comment a-t-on pu en arriver là ? Être obligé d'appeler la force publique pour canaliser une jeune fille de 17 ans !

J'ai de la peine. J'ai honte. Les cris répétés puis les voitures de gendarmerie ont alerté tout le voisinage.

Un adjudant nous pose des questions pendant qu'un autre s'entretient avec toi. Tu n'arrives pas à t'apaiser. Je t'accompagne dans l'ambulance qui te conduit à l'hôpital.

Le temps du trajet te permet de lâcher prise.

Tu échanges avec le psychiatre de garde, tu es redevenue une jolie jeune fille polie, agréable, charmeuse.

Il me reçoit ensuite. Je raconte comme chaque fois tous les épisodes de ta vie depuis ce jour de juin 2007 et l'escalade de la violence. Je décris aussi cette faculté de donner le change en classe, dans la famille de tes amies, dans la famille en général même si, dans cette dernière, commence à pointer de l'impulsivité.

— Madame, votre fille reconnaît qu'elle est trop impulsive quand elle est en colère et qu'elle a parfois du mal à gérer. Cela la chagrine de vous faire subir cela. Je lui ai donc parlé de la maison de l'adolescence où des professionnels pourront vous aider. Elle est d'accord pour vous accompagner.

Je rêve : dix ans d'études, et il s'est fait complètement emberlificoter.

— Docteur : après tout ce que je vous ai décrit, vous ne parlez que d'adolescence ?

— Votre fille n'est pas folle, elle est même très intelligente.

— Je n'ai jamais dit qu'elle était folle et je n'ai jamais utilisé ces mots devant elle. Justement, je fais bien attention car, franchement, quelque chose ne tourne pas rond et l'allusion peut vite déraper. Je ne connais aucun adolescent dans mon entourage qui réagit ainsi !

Lors de son dernier passage, votre confrère avait proposé de la garder en observation.

— Madame, sa place n'est pas dans un service d'urgence de psychiatrie. Rien ne le justifie et ce soir, nous sommes débordés. Je n'hospitalise pas les personnes pour un conflit familial.

Je le salue, je suis exténuée. Il est 3 heures du matin et demain, il faut partir travailler. Si j'avais accepté quelques semaines auparavant cette hospitalisation, est-ce que son destin aurait été différent ?

Régis vient nous chercher. Nous montons dans la voiture. Je ne dis rien. L'angoisse m'oppresse car je n'ai aucune solution à énoncer. Et toi, ma fille, tu te mets à ricaner.

— Haha, hihi, je vous l'avais dit qu'il ne me garderait pas. Il a compris, ce toubib, que c'est vous les frapadingues, que vous ne comprenez rien !

Ton père te conseille de te taire mais tu réitères.

— Quoi ? Ça vous emmerde que j'ai raison ? Allez, avouez ! Bon, maintenant, dépose-moi en ville, j'ai un pote qui m'attend !

Tu dépasses une fois de plus les limites. Si seulement je pouvais te filmer et repartir d'où l'on vient. Ton père, éreinté, accélère. Je sens la voiture s'envoler et je vois le rail de sécurité de la rocade me frôler. Je pleure et je lui demande de ralentir, Fabien est tout seul à la maison.

Rapidement, je prends le rendez-vous à la maison de l'adolescence. Tu avais promis au psychiatre de venir. Tu es heureuse de l'avoir baratiné.

Je pars donc une fois de plus seule, en quête de la conduite à tenir pour te sortir de cette souffrance. J'en suis persuadée, tu souffres. Sur ton visage et dans l'expression de ton corps, quand tu fais une crise, je lis de la douleur.

La personne qui me reçoit est agréable, se montre empathique en écoutant mon récit. Amandine a consulté un et même plusieurs psychiatres, j'ai contacté l'UTAMS et devant son refus de coopérer, rien de plus ne pourra être fait ici. Elle me conseille de poursuivre mon projet, de demander un appartement thérapeutique. Cependant, elle me prévient qu'Amandine devra être consentante.

Consentante ? Certes, c'est plus efficient d'être partie prenante d'un projet mais est-elle en capacité de choisir ? Surtout de faire des choix bienveillants pour elle-même ? Quelle drôle d'idée de devoir attendre son approbation pour la protéger.

Je repars donc une nouvelle fois pratiquement bredouille.

Heureusement, le mois d'août et les vacances seront l'occasion de resserrer les liens et, qui sait, de comprendre ce qui t'anime.

Cet été, nous repartons comme l'an passé au cap d'Agde.

Tu t'amuses, tu es gaie et nous profitons tous d'une trêve et de moments de complicité.

Nous dansons tous les soirs ensemble sur la terrasse du mobile home. Lors d'une soirée mousse, tu te blesses et tu t'arraches pratiquement l'ongle de l'orteil. Tu ne bronches pas. Tu continues à danser et à rire. À la vue de ton doigt, j'ai envie de vomir. Tes nocicepteurs ne semblent pas envoyer de message à ton cerveau.

J'ai déjà repéré cette résistance à la douleur lorsque tu ne veux pas prendre tes traitements quand tu es malade. Et ça, je l'ai constaté depuis ta plus tendre enfance.

Tu avais une dizaine d'années quand tu t'es cassé le poignet. Tu as continué à jouer et quand j'ai vu l'état de ton bras et que je t'ai conduite aux urgences, tu ne pleurais pas, tu ne te plaignais pas.

Pareil, au printemps : ton majeur s'était déformé après que tu t'étais battue. Tu niais la douleur mais ton doigt était rouge, gonflé et tordu. Il était cassé. À l'hôpital, ils n'ont pas compris pourquoi j'étais venue consulter si tard ! Il est évident que tu endures la souffrance anormalement.

Mi-septembre, je me rends une nouvelle fois à l'UTAMS. Mme Dilivi me confirme que s'orienter vers un appartement thérapeutique est une bonne idée. Pour cela, il faut que je saisisse le juge des enfants. Leur rôle s'arrête là.

Puis avant de clore l'entretien, elle me pose une question curieuse :

— Comment faites-vous chaque jour pour supporter cette situation ? Et considérez-vous encore votre fille comme votre fille ?

Fait-elle référence à l'adoption ?

— Je me suis battue pour avoir un enfant. C'est l'aventure d'une vie, un amour incommensurable qui, au-delà des gènes, s'inscrit dans la chair. Si elle avait un cancer et que je visite tous les oncologues de France et de Navarre, on ne me demanderait pas si je l'aime ! Est-ce qu'il y a des maux qui justifient un désamour ?

Aimer ne veut pas dire tout accepter, tout supporter. Mais aimer, c'est ne pas se résigner, ne pas capituler. Je ne veux pas la perdre. Je ne veux pas qu'elle se perde. Qui se soucie de la détresse affective ?

Dans la journée, j'écris et je poste le courrier pour le juge des enfants. Aucun des travailleurs sociaux ne m'a proposé d'aide pour rédiger cette lettre.

Je te fais part de cette démarche.

— Amandine, avec Mme Dilivi, nous avons réfléchi à un projet qui pourrait te permettre de gagner en liberté. Tu serais conseillée, écoutée, tout en étant accompagnée sur la réflexion de ton projet de vie. Tu pourrais avoir un appartement avec d'autres jeunes, et des adultes pour te guider.

— Ce n'est même pas la peine d'y penser. Je ne veux même pas en parler.

Tu occupes tes journées à dormir car tu regardes la télé tard ou tu es collée à ton téléphone. Tu manges dans ta chambre malgré les règles posées. Les assiettes s'amoncellent sur ton lit, s'empilant jour après jour. Les verres, le ketchup, les bouteilles de Coca-Cola s'entassent sur la table de la cuisine. Si je râle, tu cries plus fort.

Le vocable adapté pour décrire l'hygiène corporelle, vestimentaire, des lieux est l'incurie.

Tu ne rentres pas tous les soirs et tu m'annonces que tu as un copain. Dans « copain », il faut entendre un amoureux. Raoul.

Tu as eu l'initiative d'aller chez le généraliste et tu es dans tous tes états.

— C'est un connard, ce Boutillon. Il me dit que je peux venir lui parler si j'en ai besoin et il ne veut pas me prescrire la pilule.

Je n'en reviens pas. Ce n'est pas cool, un médecin de famille qui connaît les difficultés de sa patiente et qui devrait se réjouir de la confiance qu'elle lui accorde. Il lui refuse la contraception pour des raisons très personnelles. Nous n'avons pas d'autre solution que de respecter sa position éthique et je n'ai pas de temps à perdre en polémique.

— Je suis d'accord avec toi. En tout cas, je suis contente que tu m'en parles. Je vais appeler ma gynéco, le docteur Cidal, si tu es d'accord ? Par contre, je ne suis pas sûre que tu aies un rendez-vous rapidement.

— Ouais... mais je ne veux pas attendre trois plombes. J'ai pas envie d'être enceinte. Après, si ça arrive, tu te démerderas.

Je comprends qu'il vaut mieux faire en sorte de ne pas lambiner. Je téléphone sur-le-champ. La secrétaire, habituellement charmante, change de ton lorsque je lui raconte mes déboires depuis des années et, du coup, l'urgence à me donner un rendez-vous.

— Je n'ai aucune place avant début janvier.

— C'est dans plus de trois mois ! Il n'y a pas moyen qu'elle la voie entre deux patients ?

— Écoutez, madame... Pour ce genre de jeune fille, tomber enceinte et avorter peut être une bonne leçon !

Je n'en crois pas mes oreilles. S'est-elle cogné la tête contre un tiroir avant de me répondre de telles horreurs ?

Je perds mon calme.

— Vous rendez-vous compte de ce que vous venez de me dire ? Vous outrepassez votre fonction de secrétaire et vos propos sont inadmissibles. Passez-moi immédiatement le docteur Cidal et ne me dites pas qu'elle ne peut pas répondre car cela va très mal se passer.

Elle me répond dans la seconde. Je lui relate la raison de mon appel et les propos de sa secrétaire. Amandine a l'âge de son fils, ils étaient à la maternelle ensemble.

Elle fixe un rendez-vous dans la semaine. Je lui en suis reconnaissante.

Je reçois le courrier du tribunal et la convocation pour rencontrer le juge. Tu nous informes que tu refuseras toutes les propositions. Contrainte et forcée, tu nous suis dix mètres plus loin mais ta démarche ostensible trahit ta détermination à faire entendre ta voix.

La juge nous reçoit, ton père et moi. J'ai écrit la requête, donc je réitère le motif de notre présence et je résume les quatre dernières années. Elle écoute attentivement, pose quelques questions complémentaires, puis nous sortons.

Tu entres ensuite seule et il se passe une éternité avant qu'elle ne nous réunisse tous les trois. Ton sourire satisfait ne laisse pas de place aux doutes.

— Madame, monsieur, j'ai entendu votre désarroi et votre demande. Amandine refuse catégoriquement la prise en charge en appartement thérapeutique. Elle sera majeure dans peu de temps et pour bénéficier de la prise en charge jusqu'à ses 21 ans, il faut qu'elle coopère. Vous devez savoir également que la mise en place du dispositif est longue et la liste d'attente conséquente.

— Concrètement, qu'est-ce qu'on peut faire alors ?

— Qu'en pensez-vous, mademoiselle ?

Tous les regards se tournent vers toi.

— Rien à foutre !

— Je ne peux rien faire de plus pour vous, et j'en suis désolée.

Un grand moment de solitude. Il faut partir.

Tu souris d'un air narquois. Tu passes devant la juge sans lui dire au revoir, une main dans tes cheveux en donnant un petit coup de tête.

— Madame, monsieur, je conserve le dossier cinq ans et je vous souhaite du courage.

Je retiens mes larmes.

Sur le perron du tribunal, tu nous fais un doigt d'honneur.

J'ai envie de te faire manger les marches. Il vaut mieux se diriger rapidement vers la voiture, rentrer, pleurer puis jeter le Kleenex et continuer à chercher une issue.

Pour ton père, dans trois mois, c'est direction où tu veux mais plus à la maison.

Depuis quelque temps, dans tes yeux courroucés, une dilatation de la pupille m'interpelle. Ce que je pressens me tétanise mais il faut en avoir le cœur net. Les mises en garde du docteur Kiloufou résonnent dans un petit coin de ma mémoire et me tiennent en alerte.

Le hasard joue en ma faveur. Tu as une infection urinaire et je demande au docteur Boutillon de rajouter un test THC (un test urinaire pour dépister la prise de cannabis) à ton insu. Il accepte car tu es encore mineure.

Le résultat confirme mes craintes.

Sans surprise, on ne peut pas communiquer et tu as l'art de retourner la situation contre moi.

— J'étais inquiète, j'ai donc demandé au docteur Boutillon de rechercher la présence de cannabis dans tes urines.

Sans surprise, il y en a !

Tu continues à disparaître deux, trois, quatre jours. Tu dis rejoindre ton copain après les cours. Mais s'il est en classe, que fais-tu de tes journées ? Cette histoire de drogue vient ajouter une difficulté à solutionner.

Dans une configuration ordinaire, comme tu as un peu plus de 17 ans, je pourrais accepter que tu aies un copain, que tu le retrouves après les cours, que je le rencontre ou pas. De ton coté, tu irais aussi en cours ou rechercher un emploi, tu serais respectueuse et tu ne fumerais pas de cannabis. On aurait quelques prises de bec mais on finirait dans les bras l'une de l'autre.

La réalité, c'est que ton comportement n'est pas normal. L'expression de ta colère n'a pas évolué depuis que tu as 13 ans et demi. Ton vocabulaire est limité aux injures et aux grossièretés. Toute tentative d'explication finit en cris et jets d'objets, voire en crises abominables qui finissent aux urgences. Tu banalises tout acte déviant.

Je me pose alors la question sur tes fréquentations. Dans mon pire scénario, durant tes petites escapades, tu vis dans un squat avec des dealers. Et va savoir comment tu te procures l'argent pour financer tes doses.

Je dois mener l'enquête.

Alors, avec Régis, nous commençons à te suivre.

Nous apercevons Raoul qui t'attend un peu plus loin dans la rue avec son scooter. Il démarre en trombe et nous perdons vite votre trace. Le lendemain, nous nous postons à cet endroit et ainsi de suite. Au bout de quelques jours, nous avons progressé mais pas suffisamment pour aller jusqu'à la tanière.

Un soir, nous voilà en planque dans un bosquet, attendant le passage du deux-roues. La scène est pathétique et ridicule à la fois.

Tapis dans les branchages, scrutant le bout de la rue à travers le feuillage qui nous balaie le visage, nous rions aux larmes. Le scooter dévale devant nous et nous rions de plus belle.

Pleine d'espoir en l'avenir, je veux croire qu'un jour, autour d'une table de fête, nous rirons encore et encore de cette soirée et que tu riras avec nous. Je vais finir par comprendre ce qui te torture, je vais finir par trouver la clef.

Chaque filature s'arrête au bosquet. Nous ne pouvons plus vous suivre car le chemin que vous empruntez pour traverser les différents lotissements n'est pas carrossable.

Je me rends donc à la gendarmerie. Je connais le prénom du jeune homme et, au détour d'une conversation, j'ai capté le nom du lycée ou il est scolarisé.

— Madame, je vous écoute.

— Ma fille de 17 ans disparaît durant plusieurs jours et je souhaite savoir chez qui elle passe ses journées. Elle est déscolarisée, sans projet pour l'avenir. Nos relations sont tendues et certaines de ses crises de violence m'ont amenée à appeler les secours. Je sais qu'elle part avec un certain Raoul qui fréquente le lycée Malory-Diamant. Je me pose des questions sur ses fréquentations. Avec ces renseignements, pouvez-vous retrouver le nom de famille de ce jeune et son adresse ?

Le gendarme lève la main de la souris de l'ordinateur, se croise les bras, me fixe et je perçois une pointe de moquerie.

— Madame, vous allez faire quoi ? Mettre le bazar là-bas ? Je ne peux pas, sur simple suspicion ou conflit entre vous et votre adolescente, donner suite à votre requête. Votre fille a 17 ans !

Je n'ai pas envie de plaisanter ni de m'excuser de lui faire perdre son temps pour une histoire d'amoureux qui partent en vadrouille. Son petit air me contrarie.

— Bon, je reprends. Ma fille de 17 ans est donc mineure. Elle part durant plusieurs jours chez un inconnu qui l'héberge. Elle est peut-être en danger car j'ai découvert qu'elle se drogue. Comment paye-t-elle cette drogue ou en échange de quoi se la procure-t-elle ? Je l'ignore. Maintenant, j'ai bien entendu que vous ne souhaitiez pas intervenir. Je vous demande donc de me le notifier par écrit.

Son visage change. Il me demande de patienter quelques minutes et quitte le bureau.

Quinze minutes plus tard, il revient et me tend un papier avec le nom de famille de Raoul et le numéro de téléphone de ses parents.

Je quitte la gendarmerie.

Sans attendre, je compose les dix chiffres inscrits sur le Post-it. Une femme me répond, c'est la maman de Raoul. Je lui relate l'objet de mon appel et je lui précise que j'ai eu ses coordonnées par la gendarmerie. Elle fond en larmes.

Rassurée par ma seule intention de savoir ce que tu fais de tes journées, elle me donne l'adresse d'un ami de son fils chez qui il va dormir de temps en temps.

Une fois que nous sommes arrivés sur place, ton père appuie sur la sonnette de la petite maison mitoyenne. Un homme entrebâille la porte. Il marque un temps de surprise et d'incompréhension. Il reconnaît Régis, il l'a rencontré dans le cadre de leur travail. Après un rapide échange de banalités, je vais à l'essentiel.

— Nous sommes les parents d'Amandine et il semble qu'elle soit chez vous.

— Oui oui, elle est ici avec Raoul. C'est le meilleur ami de notre fils et il les a invités.

Il nous propose d'entrer. Sa femme surgit et se plante à son côté. Je les regarde, sidérée, et j'entre dans le vif du sujet.

— Ça ne vous dérange pas de nourrir et d'héberger un ami de votre fils avec sa copine mineure qui ne fait rien de la journée ? Vous ne vous demandez pas si ses parents ne sont pas à sa recherche ?

— Amandine nous a dit être en conflit avec sa famille.

— Ça vous suffit comme explication ?

— Elle est très gentille, polie et très discrète. On était choqués que personne ne s'en occupe.

Alertée par les voix, tu descends et, lorsque tu nous vois, tu t'immobilises. Ébahie, tu restes muette. La mère de Raoul se retourne et dit bêtement :

— Ce sont tes parents, ils sont inquiets.

— Comment vous m'avez retrouvée ?

— Grâce à la gendarmerie.

Tes hôtes deviennent blêmes.

— Je m'en fous, je ne rentre pas ce soir.

Des jeunes déboulent de tous les côtés, c'est la maison du bonheur. La mère nous assure à mi-voix que tu peux continuer à partir et revenir, que tu te confies à elle, tu lui fais confiance et que tu es en sécurité.

Je n'ose pas faire de l'humour noir en demandant si les soirées se terminent autour d'un verre de l'amitié et d'un tarpé.

Il me tarde de rentrer chez moi. Ces gens pensent que je suis nulle de ne pas comprendre une si gentille jeune fille. Après tout, s'ils veulent jouer les bons samaritains, tant mieux !

Je fais le trajet sans piper mot.

Je n'ai pas envie de me disputer quand je vais entendre la sempiternelle réplique : « Elle va avoir 18 ans, je la fous dehors. »

12

Une petite lumière brille au fond du tunnel, 2012

L'année 2012 est l'année de l'ultimatum.

Il est inconcevable pour moi de te mettre dehors. Tu as besoin d'aide et pas d'éviction. Tu as besoin d'amour en réponse à la haine. Je peux concéder que toutes mes actions tournent au fiasco, mais tu es très jeune et je n'ai pas encore frappé à la bonne porte.

Te mettre dehors ! Quelle est la procédure ? Je voudrais bien que ton père me la décrive. Comment va-t-il s'y prendre ? Va-t-il mettre tes affaires dans une valise et te pousser de la voiture place du Capitole le 26 février 2012 ?

Va-t-il ensuite se lever le matin sans se demander si tu as rejoint le clan des SDF ou si tu es à la merci d'un proxénète ? Si, après le cannabis, tu ne te piques pas dans un immeuble désaffecté ? Va-t-il se mettre à table sans savoir si tu as faim ?

Chaque allusion au sujet tourne à l'altercation et finit de pourrir l'ambiance à la maison.

Il ne s'agit pas de discourir pour savoir qui a raison ou pas. Chacun se protège de cette mésaventure en laissant parler la colère, le rejet ou la surprotection. Néanmoins, il faut trouver un terrain d'entente.

Je suis prête à prendre un appartement avec toi en attendant que l'orage passe. T'y installer seule serait aussi une option mais compte tenu de ton manque de maturité, de projets et surtout de tes agissements dévoyés, je ne suis pas sereine.

Après maintes discussions et maintes suppliques, j'obtiens qu'à tes 18 ans, tu ne quittes pas la maison. Par contre, ton père prend la décision en échange de ne plus s'occuper de toi et de me laisser me dépêtrer. Une sentence irrévocable.

Tu acceptes d'aller à la mission locale (les missions locales accueillent, conseillent et accompagnent les jeunes de 16 à 25 ans sortis du système scolaire ou sans emploi pour favoriser leur retour à l'emploi et les aider à être autonomes).

Une nouvelle piste. Je pars comme d'habitude pleine d'espoir et tu acceptes de me suivre.

Après plusieurs rendez-vous, tu souhaites avoir des renseignements sur les métiers de l'armée. Tu te fais déjà ton film. Tu en es sûre : c'est une vocation qui vient de naître. Tu es informée que, sans diplôme, tu débuteras au bas de l'échelle. Afin de construire ton projet ou d'en faire émerger d'autres, le conseiller te propose de t'inscrire dans un dispositif d'accompagnement qui dure quelques mois et qui est associé à une indemnité.

Tu es enthousiaste puis l'idée de te lever chaque jour avec des contraintes te démotive. Finalement, tu ne veux plus te déplacer pour voir « tous ces cons ».

Tu n'as pas mordu à l'appât du gain. Ton appréhension des exigences me laisse perplexe par rapport à ton choix de vouloir faire une carrière dans l'armée. Je ne donne pas mon avis, je ne veux pas tuer le poussin dans l'œuf.

Tu continues tes allers-retours entre la maison et ta famille d'accueil. Nous évitons tous les sujets qui fâchent : l'avenir, l'hygiène, ta chambre en vrac, les cigarettes, le cannabis, tes sautes d'humeur. Ne pas allumer le feu tant que je ne sais pas comment l'éteindre.

Nous fêtons ton 18e anniversaire au restaurant avec tes grands-parents et une partie de la famille.

Je n'ai pas le cœur à la fête mais il faut savoir créer des brèches pour que renaissent les bourgeons du bonheur et t'assurer que, malgré tes frasques, la famille est un pilier.

T'assurer que l'on t'accorde notre confiance pour rebondir.

Tu es tellement belle, ma fille. Tu es vêtue d'un slim noir et d'un pull chauve-souris assorti. Tu as lissé avec soin tes cheveux. Sur ton front, une mèche dégradée fait ressortir tes grands yeux sombres pétillants. Tu te prêtes au jeu des photos avec les uns et les autres. Tu es souriante. Tu sembles heureuse. Ton père dont le hobby est la photographie s'amuse à chercher le décor et les poses qui figeront la soirée de ta majorité sur papier glacé.

Tu oublies que tu as failli passer cette nuit à la rue, tu nous glisses à l'oreille que tu nous aimes et tu nous remercies d'avoir organiser ces festivités.

Au début du printemps, tu ouvres la porte de ta chambre et tu m'appelles :

—Maman, viens, il faut qu'on parle.

Tu as le ton léger, tu sembles guillerette.

Je laisse sur-le-champ mes occupations et j'accours.

— J'en ai marre de Raoul, il m'énerve.

Tu rajoutes des détails sur ce qui te lasse chez le jeune homme et, sans transition, tu continues ton discours.

— Pardon, maman, j'ai fait n'importe quoi, mais quand les choses ne vont pas dans mon sens, je pète les plombs.

— Je le vois bien, ça. Mais l'essentiel, c'est que tu en aies conscience. Je ne veux que t'aider même si je m'y prends mal. Je t'aime, quoi qu'il se passe.

— Je sais. Bon, voilà, j'ai décidé que je veux être prothésiste dentaire. C'est le truc où tu voulais que je fasse un stage. J'ai peut-être trouvé le stage. La mère du pote de Raoul a une amie qui est prothésiste et qui veut bien me faire découvrir le métier.

— Waouh, c'est génial, quelle bonne nouvelle !

Quelle belle surprise ! Je tournoie en frappant des mains ! Je me trémousse, tu ris.

Nous passons une belle soirée, tournée vers l'avenir, les projets, les bonnes résolutions.

Tu prends rendez-vous avec Sybille qui confirme qu'elle te prendra en stage de découverte. Nous retournons à la mission locale et le conseiller rédige les contrats nécessaires.

Le laboratoire se situe sur le trajet de mon travail. Je te dépose le matin et je te récupère le soir. Tu décris ce que tu apprends, tu es enthousiaste. Tu t'entends très bien avec Sybille. Elle t'encourage et te valorise. Tu as rencontré la personne qui te redonne confiance en toi.

Tu culpabilises car tu as trouvé ce job grâce à Raoul et tu as mis un terme à votre relation. Tu me confies tes états d'âme. Je crains de ne pas trouver les mots qui te rassurent.

— C'est ton premier amoureux, du moins le premier dont tu m'as parlé. C'est rare de faire une vie entière avec son premier amour.

— Maman, il dit qu'il va se suicider !

— Heureusement que tous les éperdus ne se suicident pas, ça se saurait.

— Mais cela arrive, tu ne peux pas dire le contraire.

— Non, je ne peux pas dire le contraire. Il est dépressif ?

— Il a eu des problèmes.

— Tu ne peux pas rester avec lui juste pour le protéger. Par contre, il faudrait qu'il se fasse aider.

— Je suis une mauvaise personne, je ne fais que du mal aux gens qui m'entourent.

— En chacun de nous, il y a du bon et du moins bon. Cela ne fait pas de nous des mauvaises personnes.

— Non, tu ne comprends pas. Je ne suis pas comme vous. Je ne réfléchis pas comme vous. Je pense que je suis plus intelligente que vous tous et je ressens les choses autrement.

Je suis embarrassée et je ne sais pas quoi te répondre.

Je retiens que tu perçois en toi quelque chose d'étrange.

Le stage terminé, Sybille s'engage pour être ta tutrice lorsque tu seras en formation.

Avec l'aide de la mission locale, je monte un dossier de reprise de scolarité dans un cursus ordinaire. Le système d'orientation offre de multiples passerelles pour rebondir mais les démarches sont fastidieuses. Des tas de formulaires, des certificats, des attestations d'assurance, juste pour que, dans un premier temps, tu puisses passer des tests de compétences et valider ton inscription. L'administration découragerait les plus téméraires.

En attendant, tu restes à nouveau inactive. Tu te couches tard ou plutôt tôt, tu te prélasses sur le canapé. Tu te nourris quand ça te chante et tu as remplacé Raoul et tes remords par un nouvel amoureux, Gérald.

Pour préserver un semblant de calme ou du moins échapper aux crises, je me tais. Sauf sur un sujet. Car, manifestement, tu ne prends pas ta pilule correctement. Heureusement, tu acceptes la proposition du docteur Cidal de te poser un implant.

Début mai, nous nous acheminons vers Vic-en-Bigorre pour les tests d'admission. Tu es disposée à mettre toutes les chances de ton coté. Durant le trajet, tu es positive, nous discutons sereinement de musique, de mode et de la reprise de tes études.

Arrivée au lycée, tu es un peu déçue. Tu trouves l'endroit moche et glauque. Mais qu'importe, tu marches d'un pas décidé vers la salle de classe.

À la fin de la journée, tu es contente de toi, tu as trouvé les épreuves accessibles. Des épreuves qui permettent de repérer les habiletés manuelles des candidats. Le chef d'atelier confirme cet optimisme.

À la rentrée, tu auras 18 ans et demi, et un choix doit s'opérer concernant l'hébergement. L'internat du lycée avec des élèves de la classe de seconde professionnelle âgés de 15 ou 16 ans et les règles strictes qui s'ensuivent, ou un studio à Vic-en-Bigorre qui permet l'indépendance et la proximité. Autre solution : un studio à Tarbes situé à une vingtaine de kilomètres, dans une ville plus dynamique mais qui nécessite de prendre le bus à l'heure prévue.

Je n'influence pas ta réflexion, tu as tous les éléments pour réfléchir.

Le courrier annonçant ton admission est la missive de l'espoir, une loupiote luit au fond du tunnel.

Un ami de ta tante et de ton oncle habite Vic-en-Bigorre. Il accepte d'endosser le costume d'ange gardien. Tu pourras aller te ressourcer chez Georges et son épouse le mercredi si tu en ressens le besoin. Je pourrai faire appel à lui si nécessaire. Il est un maillon supplémentaire à la chaîne de solidarité qui nous accompagne depuis ta naissance.

Contre toute attente, tu choisis l'internat.

— Il n'y a rien à faire dans ce bled de Vic-en-Bigorre. Il n'y a que des fermes, tu n'as pas entendu les oies ?

Effectivement, il doit y avoir un élevage pas très loin. Les oies cacardent et la chorale résonne dans tous les environs.

— C'est la campagne, oui, tu as raison.

— Tarbes, c'est chiant, il faut prendre le bus. Je suppose que tu ne voudras pas m'acheter un scooter ?

— Vingt kilomètres en scooter, l'hiver ! Es-tu sûre que c'est ce que tu veux ?

— Ben non. Ou alors il me faut une voiture.

— Pour cela, il faut avoir le permis et tu ne l'as pas.

Quelques jours plus tard, nous revenons à Vic pour finaliser ton inscription, payer les fournitures scolaires et les outils nécessaires à la fabrication des prothèses. Tu visites l'internat, tu rencontres tes futures camarades de chambrée. L'écart d'âge de trois ans est manifeste.

— Maman, c'est des gamines !

Arrive une jeune fille qui a juste un an de moins. Peut-être une petite consolation.

— Bon, je m'en fous, je suis là pour bosser.

La visite des douches ne soulève pas l'approbation.

— Des douches collectives ? Avec des heures à respecter ? Mais il me faut trente minutes pour lisser mes cheveux !

Le surveillant détaché pour faire la visite des locaux t'a entendue et il sourit niaisement. Tu le fusilles du regard.

Tu ne changes pas d'avis, mais tu prends conscience que l'internat, ce n'est pas l'hôtel.

Nous profitons de cette journée à Vic pour rencontrer Georges.

Tout d'abord dubitative, tu le trouves rapidement sympathique, tu lui accordes ta confiance et tu retrouves le sourire.

La reprise des cours est dans trois mois. Tu ne rentreras que le week-end, ce projet répond à ce qu'avait préconisé le docteur Kiloufou. Finalement, nous n'avons plus besoin de tierce personne, d'appartement thérapeutique, et j'aime imaginer que la maturité que tu vas gagner impulsera un changement de comportement.

Cette esquisse d'un futur encourageant devrait nous permettre de retrouver une accalmie salvatrice.

Lors des mariages et des fêtes de famille de cette fin de premier semestre 2012, tu apprécies de retrouver tes cousins et tu es rayonnante.

Gérald habite à 60 kilomètres et comme tu trouves que l'on n'est pas dignes d'être présentés et que l'herbe est plus verte chez les autres, tu te réfugies le plus souvent dans sa famille. Tu ne nous donnes ni le nom, ni l'adresse de tes hôtes.

Je ne fais rien pour te retenir, tu es majeure. Tu ne veux pas chercher de travail pour l'été, autant que tu ailles roucouler une fois de plus chez des gens bien conciliants qui t'accueillent gracieusement jour et nuit. Tu restes sans rien faire pendant que ton amoureux travaille en apprentissage. Tu es expérimentée en la matière.

En silence, j'implore saint Antoine de Padoue pour qu'il te rappelle qu'en septembre, il faut aller à Vic, que tu ne te perdes pas en route. Je lui demande si ce n'est pas de son ressort d'aller parler à qui de droit. Je fais toujours rire mon entourage quand je fais mes suppliques.

Tu me téléphones ou tu m'envoies des messages pour me décrire ta nouvelle vie pratiquement tous les jours. Tu n'envisages rien de répréhensible.

Pour ne pas rompre le fil fragile des confidences, je t'accorde une écoute en restant prudente dans mes réponses pour ne pas te déplaire.

— Maman, tu verrais la baraque. Elle est magnifique, immense. Il y a une grande piscine, j'ai l'autorisation de me baigner.

— Tu es seule durant la journée ?

— Non, la mère de Gérald ne travaille pas. Ils ont beaucoup d'argent. Tu verrais la voiture !

— Et Gérald ?

— Quand il rentre le soir, on va faire de la moto ou voir des potes.

— Tu es prudente ?

— Mais oui, il a deux casques.

— Et le père, tu sais ce qu'il fait ?

— Tu ne vas pas le croire, il est détective.

— Ah oui, ce n'est pas banal.

—Maman, j'ai super bien mangé. Je suis allée manger au restaurant avec la mère de Gérald. Je ne voulais pas, pour ne pas abuser quand même, mais je te promets : elle a dit que ça ne la dérangeait pas.

— Certes, elle est gentille.

— Trop gentille. On parle beaucoup.

— Tant mieux.

— Maman, il faut que je te raconte un truc trop chelou, j'ai eu une vision. Il y a eu un décès dans une des pièces de cette maison il y a quelques années. Je l'ai senti et, l'espace d'une seconde, je l'ai vu. La mère de Gérald m'a confirmé que c'était vrai.

— Tu as raison, c'est bizarre.

— Tu ne me crois pas ?

— On ne va pas aller sur ce terrain-là. Tu me dis que tu as perçu des choses. Je t'écoute.

— Souvent, je suis confrontée à des scènes ou des récits qu'il me semble avoir vécus. Je te jure, c'est flippant ! Tu vois : je ne suis pas comme vous, mon cerveau ne fonctionne pas comme vous.

— Je ne sais pas quoi te répondre, j'ai saisi que tu as une grande sensibilité.

Tu es tellement sincère dans l'affirmation de ce que tu ressens, et tes craintes sont réelles face à cette sensation d'étrangeté.

Je reste perplexe face à cette insistance à témoigner de tous ces déjà-vu. Néanmoins, je ne m'inquiète pas outre mesure. Je ne fais pas l'éventuel lien avec un dysfonctionnement cérébral. Seuls les troubles du comportement me préoccupent.

— Maman, la mère de Gérald dit que je peux rester autant de temps que je veux.

— Que fais-tu de tes journées ?

— Je discute avec elle, je vais à la piscine, je l'accompagne faire des courses, je reste dans la chambre.

— Tu ne t'ennuies pas ?

— Non, on discute beaucoup, on se comprend.

— Le père de Gérald ne dit rien ? Personne ne te demande ce que pense ta famille ?

— Je suis majeure et j'ai expliqué qu'à la maison, c'est compliqué.

— Il faut bien que tu achètes tes cigarettes et tu peux avoir besoin d'affaires.

— Je viendrai chercher ce dont j'ai besoin, sinon ne te pose pas de questions.

— Je souhaiterais échanger avec ces gens, j'estime que c'est la moindre des corrections. Je voudrais ton aval.

— Tchao !

Bip... bip... Communication interrompue.

Je dois joindre ces personnes, envisager l'organisation de la rentrée. Je ne compte pas te forcer à revenir mais appréhender la complexité de l'actualité.

Je rassemble et je recoupe toutes les bribes d'informations dont je dispose, comme je l'ai déjà fait avec Raoul. Je finis par trouver le numéro de téléphone de l'entreprise où travaille le père de Gérald.

Je compose fébrilement le numéro. Il décroche instantanément.

— Bonjour, je suis la maman d'Amandine. Je suis désolée de vous déranger sur votre lieu de travail, mais je n'avais pas d'autre solution.

Un temps de silence. Je suppose qu'il ne s'attendait pas à ce coup de fil. J'ai vraiment l'impression, à quelques détails près, de jouer dans la saison 2 de *Maman cherche encore sa fille*.

Je poursuis.

— Ma fille est bien chez vous ?

— Effectivement, c'est l'amie de mon fils.

— Vous vous doutez bien qu'il faut, à un moment, que l'on échange sur cette situation.

— Je me doute. Cela fait quelque temps que je demande à ma femme de vous contacter. Je travaille, je ne suis pas toujours disponible. C'est elle qui gère. Je vous donne son numéro et voyez avec elle.

Formules de politesse et nous raccrochons.

Je compose aussitôt le numéro qu'il m'a donné.

— Bonjour madame, je suis la maman d'Amandine.

— Bonjour !

— Amandine ne souhaitait pas que j'entre en relation avec vous, cela risque de la contrarier. Mais vous comprendrez que si cette situation doit perdurer, il faut en parler.

— Effectivement. Amandine m'a expliqué vos difficultés à communiquer.

— Certes, mais de votre côté, ça ne vous dérange pas d'héberger la copine de votre fils pendant qu'il travaille ?

— Elle m'a dit qu'à la rentrée, elle reprenait le lycée, donc effectivement, pour cet intermède, ça ne me pose pas de problème. On pourrait se donner un rendez-vous pour en discuter ?

Nous nous retrouvons quelques jours plus tard dans un café d'une galerie marchande à mi-chemin entre nos domiciles.

Tu es présente avec Gérald. Tu as accepté bon gré mal gré cette rencontre et tu fais bonne figure. L'intention n'est pas le conflit mais un assentiment concernant l'organisation des mois à venir.

Nous avons convenu que l'on en profiterait également pour faire des achats vestimentaires.

Les présentations d'usage faites, nous entrons dans le vif du sujet.

Je ne veux pas t'accabler et je décris nos rapports familiaux de façon édulcorée.

Elle me parle de toi en termes élogieux. Tu es très gentille, attentionnée, discrète, intelligente, bien éduquée. Elle t'héberge car c'est une façon de garder son fils près d'elle le temps qu'il finisse son apprentissage. Comme tu as évoqué ton retour en cours prochainement, elle n'a pas hésité pour quelques semaines.

Elle évoque l'avenir en termes de couple. Tout juste si elle n'a pas fait imprimer les faire-part de mariage. J'ai dû rater un épisode.

Nous convenons pour respecter tes desiderata que, dès la rentrée, tu rentreras le vendredi chez Gérald et que, de temps en temps, vous passerez à la maison. La gare n'est pas loin et tu prendras le train. Nous évoquons quelques sujets de logistique, entre autres l'argent de poche que je t'alloue désormais. Nous finissons l'après-midi par le shopping et tu repars main dans la main chez Gérald.

Mon téléphone bipe, tu m'as envoyé un SMS.

Merci maman pour tous les vêtements, ne t'inquiète pas, tout va très bien. Je t'aime.

Moi aussi, je t'aime.

La rentrée 2012 met toute la maison en effervescence. Les feuilles, les trieurs et les livres recouvrent le bureau de ton frère qui entre en terminale et qui préparera son sac trois minutes avant l'heure du bus qui l'amène au métro.

Tu t'affaires à plier ton linge dans une valise et à faire entrer en force linge de toilette, draps et couette dans une autre.

Ce mardi 4 septembre, dans la cour du lycée, une myriade d'élèves attend, en piaillant, l'appel pour rejoindre les chambres de l'internat. Le conseiller principal d'éducation ordonne le silence et lit le nom de tous les jeunes en écorchant parfois les patronymes.

Les parents sont autorisés à suivre leur progéniture pour les aider à l'installation. L'utilisation de l'ascenseur est interdite. Aucune pitié pour les lombaires car il faut monter des bagages remplis par des escaliers en colimaçon jusqu'au troisième étage.

Chaque jeune fille choisit son lit, range ses effets dans la petite armoire et les affaires de classe dans les tiroirs du bureau.

Je t'embrasse. Tu as déjà composé le numéro de téléphone pour appeler Gérald.

Je parcours les 200 kilomètres du retour enchantée et satisfaite de cet heureux dénouement.

Comme convenu, tu te rends chez Gérald le week-end, tu reviens à la maison parfois. Le mariage d'un autre de tes cousins, en septembre, rassemble à nouveau la famille. Nous rions, nous dansons. Tu racontes tes cours, les travaux pratiques et tu es enchantée. Tu t'es mise au travail comme s'il n'y avait jamais eu de rupture. Tu te lances le défi d'obtenir des résultats brillants.

Je ne peux que te féliciter et te dire que je suis fière de toi.

Au mois d'octobre, je pars une semaine à Paris pour faire une formation. C'est dimanche soir, je suis encore dans le métro quand je vois que tu essaies de me joindre en insistant. Dès que je sors à l'air libre et que la connexion est de bonne qualité, je te rappelle.

Tu t'es blessée en faisant de la moto avec Gérald. Tu as mal à la cheville mais tu peux marcher. Néanmoins, tu ne sais pas si tu pourras aller en cours demain.

Le lundi matin, mon téléphone vibre plusieurs fois. Je jette un coup d'œil sur les messages et tu me pries de te rappeler rapidement. Je m'excuse et je sors de la réunion. Tu es à Vic mais tu souffres et l'infirmière demande à ce que tu rentres pour consulter un médecin.

Ton père ne veut pas s'absenter de son travail.

Je joins Georges qui t'amène à la gare de Tarbes *via* le domicile de Gérald.

Je n'ai pas d'autre solution que de solliciter sa mère pour t'amener consulter.

— Allô ! Maman, je sors de chez le médecin, ce n'est pas grave.

— Mais qu'est-ce qu'il a dit ?

Tu hésites et j'entends à ton coté Mélie, « ta belle-mère », parler d'une contusion.

— Bon, tant mieux. Est-ce que le docteur t'a fait un arrêt ?

— Oui, pour aujourd'hui.

— Du coup, tu peux repartir en classe demain ?

— Mais putain, pauvre conne ! Je ne vais pas repartir mardi pour revenir vendredi ! Arrête de faire chier, je suis majeure, je fais ce que je veux.

Je garde mon calme.

— Majeure ou pas, si tu n'as pas de certificat médical, tu ne peux pas t'absenter, c'est la règle.

— Mais je m'en tape, de ta règle. Je fais ce que je veux.

J'entends Mélie te demander de me parler sur un autre ton. Elle ne comprend pas ce qui t'arrive et ne t'a jamais vue ainsi.

Tu lui réponds que c'est toujours pareil, « que je cherche la merde pour te faire péter les plombs ».

Tu m'assènes une dernière insulte et tu raccroches.

Lorsque je reprends contact avec Mélie, elle est encore sous le choc.

— Je n'avais jamais vu Amandine dans cet état.

— Ce n'est malheureusement qu'un petit échantillon de ce qu'elle est capable de faire.

— Je ne sais pas quoi vous dire mais je ne tolérerai pas d'entendre de tels propos. Je lui en ai fait part. Demain, je la remets dans le train.

— Allô ! T'es contente ? Ça te faisait trop chier qu'il y ait quelqu'un qui m'apprécie ! En fait, t'es jalouse, t'es qu'une pauvre jalouse. Tu me fais pitié. Tu n'es pas prête de me revoir.

Je n'ai pas le temps de répondre.

Bip… bip ! Communication interrompue.

J'ignore quels arguments les parents de Gérald ont formulés à la suite de cet incident mais ta confidente d'hier s'est métamorphosée en mégère que tu promets de désagréger. Désormais, tu reviens le week-end à la maison. Tu as réussi à persuader Gérald que ses parents sont minables et qu'il doit te suivre.

Régis se crispe et j'établis une stratégie défensive en soulignant le retour à l'école, la semaine à l'internat, la présence de Gérald qui calmera tes sautes d'humeur. Je n'obtiens pas son approbation et il se résigne.

Des règles de bienséance sont promulguées. En réponse, tu baragouines un « ouais, on verra » peu encourageant.

L'amoureux transi, les yeux baissés, te suit dans la chambre sans rien dire. Le jeune homme prodige décrit par sa « mamounette » a l'air d'un fantoche tiré par une marionnettiste peu délicate.

Les fins de semaine sont toutes des copies conformes. Dès votre arrivée et un bonjour à peine audible, vous vous réfugiez dans la chambre après avoir dévalisé le frigo de ses bouteilles de Coca. Vous descendez quand j'appelle pour déjeuner ou dîner et pour fumer une cigarette. Au mieux, vous faites quelques pas dans le petit parc derrière la maison.

Inutile de demander de l'aide pour la préparation du repas ou pour débarrasser la table, encore moins pour ranger la chambre et même se laver.

Tes troubles alimentaires n'ont pas disparu et tu manges toujours par cycle d'aliments. Tu ne te prives pas de faire des commentaires désobligeants sur tout ce qui est servi.

Je m'aventure à demander si, chez Mélie, tu bénéficiais d'un régime de faveur, mais par un regard, la question est éludée.

Je suis clairement la soubrette, voire l'esclave, puisque, en échange de la tranquillité, je m'exécute à servir toute la maisonnée.

Gérald est penaud. Il réalise la situation saugrenue à laquelle il est confronté. Néanmoins, tu réfrènes toutes ses tentatives de coopération envers moi ; alors il s'abstient. Tu lui as aussi formellement interdit de nous parler.

J'admets que je ne maîtrise plus du tout les événements. Je laisse péricliter la famille par un comportement inacceptable qui est contre-productif puisque je n'obtiens ni respect ni posture attendue. Tu exerces une autorité oppressive et tout le monde s'y plie par crainte de déclencher une crise.

Le dimanche soir, nous regardons partir le train en direction de Tarbes avec soulagement. Que tu poursuives les études, que tu aies un métier, un emploi, ton autonomie et basta !

Je suis prête pour en arriver là à accepter les pires extravagances avec la certitude que je n'ai pas d'autre option.

Noël 2012. La présence de Gérald ne t'empêche pas d'être désagréable. Il te regarde et t'écoute étonné mais n'ose pas broncher.

Je profite d'un moment où il est seul pour lui poser ouvertement la question et lui demander si ce n'est pas pesant de te suivre comme un toutou. Il reste bouche bée. Il n'a pas le temps de répondre que tu déboules. Sans connaître le sujet de conversation, tu l'attrapes par le bras, hors de mon champ de vision, et tu mets un coup d'arrêt à l'échange. La scène est à la fois comique et pathétique.

13

2013

Une nouvelle année qui, j'espère, signera l'apaisement.

Les parents sont invités à venir rencontrer les professeurs à l'occasion de la fin du premier semestre. Les rendez-vous sont en soirée, tu sais que je n'aime pas conduire la nuit mais tu insistes pour que je fasse le déplacement.

Tu as trouvé un covoiturage. Je dois retrouver la maman d'Eléa (qui est dans ta classe) sur le parking de Carrefour, ainsi je ne serai pas seule. Devant tant de sollicitude, je me libère de mon travail pour aller à la rencontre de l'équipe pédagogique.

Je me gare. Je descends et je retrouve Paule, la maman d'Eléa, devant l'entrée du centre commercial.

Durant le trajet, nous échangeons des banalités autour de nos filles. Eléa a juste un an de moins qu'Amandine, donc un parcours atypique également. Je ne dévoile rien de ton caractère hors normes et je fais l'éloge de tes prédispositions artistiques pour rivaliser avec tous les compliments qu'elle fait sur sa fille.

À notre arrivée, nous rejoignons les salles de classe dédiées où attendent les jeunes, accompagnés ou pas de leurs parents. Tu es ravie de me voir, on se serre dans les bras et tu trépignes d'impatience que j'entende tes profs.

Je vais de l'un à l'autre et chacun est impressionné par tes résultats très encourageants. Tu es motivée et soucieuse de bien faire.

Tu leur dis que tu leur es reconnaissante de t'avoir redonné une chance.

Ils te félicitent. Il n'y a rien à dire, il faut continuer.

C'est une renaissance, une revanche sur tes années d'hôtellerie où tu as fini étiquetée « irrécupérable ».

— Tu vois, maman, je voulais que tu entendes ça !

— Je comprends et je suis contente d'être venue, même ravie.

Tu souris, tu parais reposée. Tu as retrouvé le visage angélique de ton enfance. Je te félicite, je suis fière de toi. Avant qu'on se sépare, tu me serres dans tes bras.

L'amour, la patience et la persévérance paieront. J'y crois et je me nourris de cet espoir pour ne jamais me résigner.

Les résultats scolaires réconfortants ne peuvent pas néanmoins annihiler les obligations à se comporter correctement. De week-end en week-end et durant les vacances scolaires, il n'y a aucune amélioration notable. Au contraire, ta réussite te donne des ailes et un sentiment d'impunité.

Une émanation malsaine imprègne l'air de la maison.

Fabien s'est reclus dans ses jeux vidéo et hurle à tue-tête après ses adversaires. Cette addiction aux jeux m'interpelle mais tant qu'il est dans sa chambre, il ne traîne pas dans la rue.

Régis n'est pas attiré par cette activité et n'y prête aucune attention. Il coupe l'électricité quand les injonctions à terminer une partie restent vaines.

Le temps passe.

Certes, tes notes laissent espérer une issue professionnelle, mais pourquoi es-tu toujours en colère ? Pourquoi tes propos à plus de 19 ans n'évoluent pas ? On dirait maintenant une ado attardée.

Petit à petit, je vois arriver Gérald de plus en plus éteint. Des éclats de voix remplacent les murmures et les ricanements des derniers mois.

Un soir, et alors que tu es enfermée dans ta chambre avec lui, des bruits sourds me font sursauter. Des objets tombent, ou ricochent sur les murs. Indéniablement, vous vous battez.

— Amandine, Gérald, il y a un problème ?

— Fais pas chier, ce n'est pas ton problème.

—Se battre, et renverser tout dans la chambre, sous mon toit, oui, c'est mon problème !

La porte s'ouvre, tu surgis, j'aperçois Gérald assis sur le bord du lit, la tête dans les mains.

— Dégage !

— Je ne peux pas te laisser me parler comme ça ! On te permet d'amener ton copain, on l'amène en vacances, je fais les courses, le repas, la lessive et j'en passe… Le respect, c'est le minimum qu'on te demande.

Tu hurles :

— Je ne t'ai rien demandé. Qu'est-ce que ça peut te faire qu'on se dispute ?

— Au-delà de crier, vous vous battez !

— Et ?

Tu t'approches, menaçante, et tu m'obliges à reculer.

— Dégage !

La porte se referme et le calme revient, pour cette fois.

Mais les disputes s'intensifient avec le temps. Je saisis l'opportunité d'une pause-cigarette pendant laquelle Gérald descend seul pour l'interroger. Il me regarde avec un air de chien battu et, à l'issue de mes remarques, la seule solution qu'il trouve, c'est d'aller directement te raconter mon intervention.

Sans transition, tu déboules, tu vocifères, tu nous insultes, tu renverses ce qui se trouve sur la table, tu pousses Gérald qui tente de s'interposer.

Ton père est furieux.

Il me faut trouver une parade, une fois de plus, pour éteindre l'incendie.

Les mises en demeure ne servent à rien, alors tu reviens avec Gérald et, de nouveau, le sol vibre sous le choc des matières qui dégringolent. Je vous enjoins d'arrêter immédiatement, je menace de mettre Gérald dans la voiture et de le ramener chez lui.

Tu propulses ton ami dehors dans le petit jardin public proche de la maison. Ce petit jardin qui a vu tes premiers jeux avec les enfants du quartier, les premières bêtises, ton premier coup de pédale, tes escalades dans la cabane en palette perchée dans l'arbre, les premières égratignures. Le petit jardin, témoin joyeux de l'insouciance enfantine.

La tentation est trop forte de vous espionner de la fenêtre. Vous vous disputez en vous poussant l'un l'autre violemment et, tout à coup, je vois Gérald te plaquer contre un arbre et te serrer le cou.

J'accours, il te lâche. Une telle violence n'est pas acceptable. Je fixe dans les yeux le jeune homme qui a les larmes qui montent.

— Tu joues à quoi ?

Pas de réponse.

— Tu prépares tes affaires, j'appelle ta mère et tu rentres chez toi.

Au téléphone, Mélie acquiesce, ravie de retrouver son chérubin et t'accusant de lui avoir lavé le cerveau. Elle m'explique qu'il n'a jamais été violent.

Elle incrimine Amandine.

Je me permets de plaider en sa faveur et de lui rappeler que violenter ou tuer sa compagne, aussi pénible soit-elle, n'est pas la solution.

Le lendemain, tu repars à Vic.

Rapidement, tu te réconcilies avec Gérald et tu m'implores de t'autoriser à le ramener à la maison. Tu me promets qu'il n'y aura plus d'esclandre. Je suis sceptique quant au fait que Mélie accepte de laisser son fils repartir dans l'antre de l'ogresse. Et pourtant, le petit couple, valises à la main, franchit le portail de notre domicile.

Ils reprennent leurs habitudes. Ils restent calfeutrés sauf pour cramer une Camel ou pour venir manger et faire le plein de Coca.

Gérald ne nous regarde jamais en face. Il est complètement inhibé. Peut-être est-ce l'expression de la honte ?

L'année scolaire se termine. Tu as les félicitations du conseil de classe. Tu entends à peine nos compliments car tu vis ton premier chagrin d'amour. Gérald t'a quittée.

Tu le harcèles de coups de fil lui affirmant que tu vas changer, que tu vas faire des efforts. Tu lui demandes de te laisser une chance. Tu pleures, tu gémis jour et nuit.

Durant l'été, tu viens parfois à la plage avec moi. Nous prenons l'habitude d'aller boire un café dans un coffee shop. Je ne suis pas amatrice de ces petites graines torréfiées mais ce qui importe, c'est le moment convivial partagé. Tu te confies, tu me livres des épisodes intimes de ta vie comme à une meilleure amie. Durant cette embellie, je me plais à imaginer que le plus dur est derrière nous et que tu sais que, dans la tempête, je serai toujours ton canot de sauvetage.

Tu évoques ton histoire avec Gérald, la plaie est en voie de guérison.

Pour la rentrée, tu repars à Vic. Tous les jours, je reçois plusieurs messages et tu me tiens informée de tes progrès et de quelques déboires dans la chambrée de l'internat. La fille de droite qui ronfle, celle qui écoute la musique un peu fort et les notes qui s'échappent à travers ses écouteurs. Certaines qui sont jalouses de tes brillants résultats et ne veulent plus faire leurs devoirs avec toi. Tu parles de compétition entre vous qui dégrade l'ambiance.

Lors des week-ends, tu vas en ville retrouver des amis, tu sors en boîte, ce qui, pour ton âge, n'est pas anormal mais je reste inquiète concernant la drogue. J'ai fouillé dans tes affaires et j'ai retrouvé des mini sachets transparents avec des restes d'herbes qui ne sont pas celles du jardin. J'ai découvert également un matériel inconnu qui n'a rien à voir avec la fabrication des dentiers. Il s'agit d'un grinder, genre de meule pour cannabis. J'apprends aussi que la cuillère sert à chauffer, elle fait partie de la panoplie.

Désormais, cette prise de drogue est une nouvelle préoccupation.

Tu m'assures que tu ne l'utilises que lors de soirées, tu réfutes l'illégalité en expliquant qu'on en trouve partout, tu nies la dangerosité de l'accoutumance, tu me fais remarquer que tes résultats scolaires sont plus brillants que jamais et, surtout, tu lui attribues une fonction thérapeutique.

Tu dis ressentir un stress que tu ne sais pas contrôler, tu es toujours persuadée que ton cerveau ne fonctionne pas comme celui des autres, que tu as une forme d'intelligence à part. Tu ne prêtes pas essentiellement au cannabis la vertu de te faire passer un moment euphorique mais plutôt celle d'apaiser tes peurs, soulager tes angoisses et ton mal-être. Tu en parles comme d'une aspirine pour soulager des maux de tête.

L'année 2013 s'achève. Nous passons les fêtes chez tes grands-parents. Comme tous les ans. Cette période ne ramène jamais la sérénité, mais au contraire ranime des animosités. Jalousie, insatisfactions, sentiment d'infériorité et de persécution, disputes incessantes avec ton frère, portes qui claquent, cris, insultes : le cocktail détonant qui renvoie le père Noël dans les étoiles et qui incite à rayer cette date du calendrier.

Ton grand-père ne comprend pas qu'on ne tape pas sur la table pour faire cesser toutes ces sérénades qui gâchent tous les repas de famille durant plusieurs jours.

Il hausse le ton, menace de te mettre une claque. Tu ne perds jamais ton sang-froid. La colère pour armure, tu attaques tout ce qui se met sur ton chemin en décochant ton répertoire d'arrogance.

Ton grand-père s'en prend alors à ton père en lui reprochant de rester indifférent devant tes attitudes impertinentes. Ton père riposte en m'informant que passer pour un incapable devant ses beaux-parents est exaspérant et qu'il ne viendra plus.

14

2014

Le dialogue et l'écoute portent leurs fruits. Tu acceptes de t'adresser à un psychiatre à condition que j'en trouve un qui consulte le samedi. Dénicher un spécialiste qui travaille en libéral ce jour-là et qui accepte de nouveaux patients équivaut à chercher une aiguille dans une botte de foin. Néanmoins, la chance est avec moi et surtout avec toi, et tu commences donc un suivi.

Tu vas en consultation tous les quinze jours. Le docteur Balmy me fait part d'un état dépressif qu'il ne faut pas prendre à la légère même s'il reste lié à la rupture avec Gérald.

Tu reconnais parfois que tes colères t'échappent, ce qui t'effraie.

Tu as accepté de te livrer. Je suis soulagée et confiante quant à la suite de la prise en charge. Pour le praticien, c'est une piste de travail. Tout événement raconté qui paraît futile pour un adulte ou improbable doit être pris au sérieux. Les traumatismes s'expriment sous des formes variées.

Malheureusement, après trois consultations, tu ne retournes pas le voir. Tu ne donnes aucune explication sauf que tu perds ton temps et que, le samedi, tu as autre chose à faire. Tu es majeure et j'ai bien compris que si tu n'es pas partie prenante de tes soins, personne ne peut te contraindre.

Je ressens un sentiment d'impuissance mêlé de colère de ne pas pouvoir te venir en aide malgré toi. Certes, tu es majeure, mais tu restes mon enfant. Je sens ta souffrance et jamais je ne renoncerai à te délivrer de ce malaise envahissant et nuisible.

Et si tu as d'autres choses à faire le samedi, c'est qu'un nouveau protagoniste est entré dans l'histoire.

— Maman, je t'avertis : j'ai un nouveau copain, il vient à la maison samedi. Il s'appelle Kylian. Je préfère te prévenir : il est complètement différent de Gérald, il est moche.

En une tirade, tu as tiré un portrait peu valorisant du pauvre garçon.

— Il est gentil ? Il n'y a pas que le physique, tu dois bien lui trouver du charme ?

— Oui oui, il est sympa. Mais surtout, comme il est moche, il ne me larguera pas, lui !

Comme souvent face à certains de tes propos déroutants, je suis ennuyée pour répliquer.

Kylian débarque donc un vendredi soir. Il n'est pas très à l'aise et après un bonjour expédié, sans faire la visite de la maison, tu le conduis à l'étage, directement dans ton repaire.

Indéniablement, tu l'as briefé, car comme celui qu'il remplace, tu le tiens en laisse et il est muet. D'un coup d'œil, il quémande ton approbation avant de répondre aux questions.

Il explique qu'il fait un apprentissage en prothèse dentaire au CFA, nous donne quelques détails sur sa famille et sur ses projets qui s'éloignent radicalement de cette formation initiale.

Tu attires le même profil de garçon, un peu plus jeune que toi, inhibé ou du moins influençable, à la personnalité encore peu affirmée.

Kylian va se frotter week-end après week-end à tes exigences, tes sautes d'humeur, tes attitudes grossières envers nous et envers lui sans jamais oser un mot plus haut que l'autre. Il est complètement asservi.

Peut-être se demande-t-il comment des parents acceptent un tel comportement sans jamais te réprimander ou en usant de stratagèmes pour trouver les formes et éviter de te froisser.

L'année 2014, c'est l'année de tes vingt ans et de mes cinquante ans. Nous sommes nées toutes les deux au mois de février.

Au printemps, une grande fête regroupera toute la famille. Tu n'es pas vraiment euphorique car tu aurais préféré une réception pour toi seule.

Finalement, le jour J, tu t'es apprêtée, tu es souriante, tu t'amuses, tu danses. Tu es une très belle jeune adulte.

Kylian est ton chevalier servant et il est vrai que tout le monde se pose la question de ton choix.

Ton bulletin de notes reste excellent et tu passes en troisième année avec les félicitations.

L'année scolaire touche à sa fin. Kylian ne peut pas venir te rejoindre au bord de l'océan avant la fin du mois d'août. Rapidement, tu t'ennuies, tu passes ton temps au téléphone, à la pêche au pote qui pourrait te rejoindre.

Un matin, tu nous mets devant le fait accompli. Nathan va débarquer. Son père l'amène.

— Tu comptes le faire dormir où ?

— On met un matelas à coté de mon lit. T'inquiète, c'est juste un pote.

— Et Kylian ?

— T'occupe, je lui ai dit. Et puis, il n'est pas là, il n'est pas là !

Nathan est un jeune homme très souriant, poli et disposé à la conversation. Il est légèrement plus jeune que toi, ce qui semble être un critère de choix.

Néanmoins, quelque chose dans son regard me trouble. Un regard puissant, cristallin, dans lequel, si on le soutient, on pourrait se noyer.

Nathan ne tait pas son étonnement face à tes critiques concernant les repas et face au fait que tu manges un plat différent des autres. Il confie qu'il n'a pas mangé tous les jours à sa faim et qu'il se ravit de chaque assiette pleine.

Il propose son aide pour les tâches ménagères et t'encourage à faire de même en te faisant remarquer ton attitude fainéante.

Il nous remercie pour notre accueil. Son enfance n'a pas été dorée, ses parents sont divorcés et sa vie n'est pas rose tous les jours.

Il vient d'avoir son bac pro vente et va entrer en BTS en alternance dans l'entreprise où travaille son père. Il est enthousiaste et défend ses idées sans crainte.

Les jours passant, je te vois contenir ta colère face à cette situation qui t'agace.

Je ne peux m'empêcher de penser que si tu ne le remets pas à la place que tu lui as réservée, il sera très fort.

Mais Nathan repart comme prévu et Kylian le remplace.

Tu vas à la plage, tu sors le soir, je suis Uber à toutes les heures du jour et de la nuit. Je me résigne au silence pour étouffer le feu du volcan.

Malgré toutes ces abnégations, tu tiens des discours humiliants, ignorant les remarques de tes grands-parents interloqués.

Kylian est constamment sur la retenue. Parfois, un soupir lui échappe et il se fait houspiller illico. Tu l'as coupé de sa famille et de ses amis. Tu agis de nouveau comme une araignée piégeant sa proie dans sa toile.

C'est la fête du village et les bodegas attirent tous les jeunes et moins jeunes dans une ambiance festive. Un soir, alors que tout le monde s'amuse, je te vois faire des grands gestes et Kylian est pantois.

Le lendemain, il prend un BlaBlaCar, nous prononce un au revoir à peine articulé et nous comprenons que tu l'as congédié.

Nathan a remporté le premier rôle et le voilà de retour.

Il ne dort plus sur le matelas à coté de ton lit. Le dernier soir de la fête, il a revêtu comme il se doit une tenue rouge et blanc et, verre de bière à la main, il n'y a plus d'équivoque.

Le nouveau colocataire des week-ends est nominé, à nous de ne pas nous mélanger les pinceaux en l'appelant.

Il prend possession des lieux avec assurance, aimable et attentionné envers nous.

15

Après l'espoir, c'est la réalité

Ce mois de septembre 2014, le coffre de la voiture est rempli de divers cartons contenant frigo, petit four, micro-ondes et autre mobilier destiné à meubler le petit studio agenais où Fabien va partir s'installer pour ses études d'infirmier.

Il est heureux de prendre son indépendance et ne manifeste aucune crainte à quitter le nid familial. Je suis fière de lui et ravie de m'affairer pour lui préparer un nouveau cocon douillet mais j'ai le cœur serré.

Ce départ est un virage, et je sais que, souvent, quand on part, on ne revient pas.

Je me console en considérant les côtés positifs. Il est en pleine forme et les événements se déroulent dans l'ordre des choses. En bonus, je ne l'entendrai plus crier après ses coéquipiers ou ses adversaires devant la Xbox.

Pour toi, cette dernière année scolaire à Vic est cruciale. Le bac en poche, tu pourras travailler ou poursuivre en

BTS ou en apprentissage pour obtenir un BTM (brevet technique de métiers) en prothèse dentaire.

Tu ne pars pas avec la motivation habituelle. Tu te poses des questions sur ton choix, sur une possible erreur d'aiguillage, tu doutes de tes compétences à être une bonne professionnelle. Tu te dévalorises et tu stresses.

Tu évoques de nouveau une carrière dans l'armée comme soldat et tu te grises à l'idée de combattre. Tu n'as aucune conscience de la réalité du terrain et tes commentaires sont insensés.

Il reste une année, je ne veux pas croire que tu vas ruiner tous ces efforts si près du but.

Les retours à la maison sont compliqués et mystérieux.

Ressurgissent les sensations de déjà-vu. Pire : tu as l'impression de faire du surplace. Je suis attentive mais je n'amène pas de réponse, je n'en ai pas. Mon silence t'agace et tu y vois de l'indifférence.

Tu files le parfait amour, tu roucoules et tu passes de nouveau de plus en plus de temps dans ta chambre. Tu tisses une nouvelle toile.

Mais au fil des mois, Nathan a perdu progressivement son sourire angélique, sa bonne humeur. Lui, si loquace au mois d'août, ne donne plus que des réponses laconiques. Il ne s'aventure plus ni à initier un sujet de conversation ni à te contredire.

Une fois de plus, tu as piégé ta proie et, par je ne sais quel stratagème de persuasion, tu l'as réduite au silence.

Nathan tente plusieurs fois de me parler mais tu ne le lâches pas d'une semelle, l'obligeant à te suivre jusque dans la salle de bains et lui interdisant de s'exprimer.

Pire : nous devons choisir des sujets que tu autorises pour préserver le service d'assiettes et de verres, victime de casses récurrentes et qui se réduit comme une peau de chagrin. Tu nous tiens en otage, et tes armes sont les élucubrations et la violence.

En fin d'année, les lumières scintillent dans toutes les maisons mais l'ambiance est telle que je ne fais pas le sapin. Pas envie.

Tu passes peu de temps dans le salon mais allongée sur ton lit au milieu d'un bric-à-brac sans pareil. La magie de Noël ne t'habite plus depuis longtemps. Noël est même synonyme de rancœur, de jalousie et, pour moi, de désappointement.

Ton père a promis l'année passée de ne plus revenir dans la belle-famille pour ne plus affronter les reproches concernant ton éducation. Je n'ai pas le courage d'annoncer à tes grands-parents que l'on ne viendra pas. Je décide de partir seule, avec toi et ton frère.

Il se ravise. Nous parcourons les 300 kilomètres en t'écoutant te plaindre d'un trajet trop long, d'une voiture inconfortable, de ne pas pouvoir mettre la musique à fond.

Tu te disputes avec Fabien car vous n'avez pas le même point de vue sur tel ou tel point de l'actualité.

Tout est prétexte à rendre le voyage déplaisant et à donner des regrets à ton père de ne pas avoir suivi ses intentions. Le voyage est harassant.

Tu embrasses rapidement ton grand-père et ta grand-mère, tu vas sur le balcon fumer une cigarette et tu reviens les traits du visage tendus. L'air marin dont les bienfaits vendus sont de contribuer à diminuer le stress t'a enveloppée d'un sombre costume.

D'un geste sec, tu ouvres le Frigidaire.

— Comme d'habitude, il n'y a rien à bouffer !

Il n'y a pas trente minutes que l'on est arrivés que tu donnes le tempo du séjour.

Ton grand-père, devenu dur d'oreille, ne relève rien, il mange sa soupe sans se laisser perturber.

Ta grand-mère est stupéfaite par cette remarque car les deux frigos sont pleins à craquer de vivres multiples et variés. Elle a fait des achats à l'épicerie fine pour nous faire plaisir et agrémenter les repas festifs. Elle a pris soin de ne pas oublier les aliments que tu préfères et de respecter ta sempiternelle sélectivité alimentaire.

Un peu ironique, elle réplique :

— Mais que te manque-t-il ?

— Mon jambon ! Il est où ?

— Il est là, sur la deuxième étagère !

Tu attrapes le paquet et tu nous foudroies d'un éclair colérique.

Tu fais glisser une tranche dans ton assiette. Tu lui jettes un air furibond. Avec tes deux poings, tu assènes un coup sur la table et tu te lèves.

— En fait, vous vous êtes passé le message pour me faire péter les goupilles, je suis votre jouet ! Cela fait des années que je mange le jambon de Bayonne et ça… ça, c'est quoi ?

Je réponds, contrariée :

— Ton jambon de Bayonne ! C'est juste que le paquet est plus gros car, au lieu de contenir six tranches, il y en cinquante pour ne pas être obligée d'aller au magasin tous les jours et parce que quelqu'un d'autre voudra peut-être en manger.

— Vous êtes tous des connards et vous ne pensez qu'à vous foutre de ma gueule. Vous croyez que je ne vois pas clair dans vos manigances !

L'assiette et son contenu volent dans les airs et finissent leur descente sur le sol en mille morceaux.

Tu prends la fuite en bousculant l'horloge comtoise et le balancier s'arrête de fonctionner sur-le-champ. Tu claques la porte qui, sous le choc, se dégonde.

— Vous allez voir ce que je vais en faire, moi, de votre Noël de bourges !

Ton grand père, abasourdi, hurle « qu'il ne veut pas de ça ici ».

Ta grand-mère dit « qu'elle n'est pas habituée à ça ».

Ton père ajoute :

— Je savais qu'il ne fallait pas que je vienne, je rentre à Toulouse.

Seul Fabien, pour qui ces frasques sont habituelles, ne perd pas une miette du bon repas.

16

2015

En ce début d'année, tu es en stage à Toulouse et donc tu rentres chaque soir à la maison. Nathan est également énormément présent et complètement sous ta coupe. Petit à petit, il devient invisible, un Lego que tu manipules sans résistance.

Tu repars en stage chez Sybille.

Il est convenu que je t'amène et te récupère chaque jour.

Nos trajets ensemble sont de plus en plus tendus.

Un soir, en rentrant et après une énième dispute, tu ouvres la portière alors qu'on roule et tu menaces de sauter en marche.

Je freine, tu as un pied dans le vide. Je pile, je cale trois fois avant de redémarrer.

Tu m'accables de reproches mais, dans le tourbillon de tes protestations, c'est ton mal-être que tu craches. Je suis un punching-ball.

Je suis affligée mais plus par mon incapacité à t'aider que par la violence de tes outrages.

Quelques jours plus tard arrive un courrier du lycée. Je jette un œil sur la facture de l'internat et je m'attarde sur le premier bulletin semestriel. Quelle mauvaise surprise ! Tes résultats ont chuté. De 17/20 de moyenne, tu es passée à 12/20 et tous tes profs, dans leurs appréciations, sont déconcertés. Le bac est dans cinq mois, il faut te ressaisir.

Quand je t'en parle, tu lances une assiette en mode Frisbee. Je l'esquive d'un pas chassé et elle s'écrase sur le carrelage. Le grès cérame est censé résister aux chocs et salissures. Pourtant, sous l'impact, un carreau s'ébrèche et une cicatrice indélébile témoignera à jamais de la force de ta colère. Plus tard, je reçois un message.

Je m'excuse, je t'aime, maman. Mais je ne supporte pas tes mimiques, je lis tes sous-entendus. La colère monte et je suis incapable de la maîtriser. Je me suis trompée d'orientation et je regrette de ne pas avoir persévéré dans mon choix d'intégrer l'armée.

Je tente de rebondir et d'ouvrir le dialogue. Je te rejoins. Je te félicite d'avoir eu le courage de reprendre tes études et de refaire un parcours au lycée. Dans cinq mois, ce bac te permettra soit de travailler, soit d'avoir un niveau pour accéder à des études dans certains domaines. Si tu arrêtes maintenant, tu perds tous les bénéfices et tes efforts seront vains. Si tu changes d'orientation, tu seras à nouveau au niveau 3e, y compris si tu pars dans l'armée. Avec un bac, tu pourras au moins prétendre à une qualification plus intéressante.

— Maman, je ne réfléchis pas comme toi. Nous n'avons pas le même cerveau. Je veux être soldat. Le bac, je m'en fous.

Malgré tout, tu repars en stage avec les mêmes rituels journaliers. Tu t'échauffes après la dosette de café, le tee-shirt et ses plis, le jus d'orange qui n'est pas de la bonne marque, la gamelle pour le midi pas à ton goût, le lisseur à cheveux de mauvaise qualité, etc.

Quand Nathan est présent, il fait profil bas. Tu lui parles grossièrement et les disputes sont de plus en plus fréquentes.

Un soir, je te récupère en larmes. Nathan a rompu.

Tu l'appelles et, entre les sanglots, tu l'insultes, tu hurles, tu lui ordonnes de revenir. Tu jettes ton téléphone tout neuf. Il est cassé. Tu exiges un remplacement immédiat sans te soucier de la valeur. Je te propose d'aller voir le vendeur habituel qui nous connaît car on vient acheter des téléphones régulièrement. Il nous conseille toujours très bien. Après des heures de réflexion, tu repars avec ton nouveau meilleur compagnon. Tu le serres contre toi, tu te détends et un sourire illumine ton visage. Comment du plastique, du verre, du cobalt, du fer et du nickel peuvent-ils être à ce point thérapeutiques ? C'est un cordon ombilical auquel tu voues ton existence.

Comment expliquer alors les mauvais traitements qu'ils subissent ?

Peut-être que tu maltraites le mieux ceux que tu aimes le plus.

Quelques jours avant la fin de ton stage, tu m'attends à l'extérieur car Sybille veut me parler. Tu as l'air déconfite mais tu ne fais pas de commentaires. En fait, Nathan est venu jusque-là et tu t'es violemment disputée avec lui. Et comme il t'a frappée, il a été interpellé par la gendarmerie et il a demandé à être amené à l'hôpital psychiatrique par le Samu.

Dans les jours qui suivent, tu essaies de le joindre à l'hôpital mais il n'est pas autorisé à te parler. Tu es hystérique, tu insultes tes correspondants, tu les menaces de porter plainte ou de te déplacer et de leur montrer de quoi tu es capable.

Nathan se repose, n'a pas accès au monde extérieur. Il est hospitalisé dans une unité pour adolescents et jeunes adultes.

Dans les semaines qui suivent, tu ne fêteras même pas ton 21e anniversaire avec nous.

Les primevères et les pâquerettes fleurissent dans le jardin. Ce vendredi 20 mars marque le premier jour du printemps.

Je rentre du travail, je m'engage dans l'allée quand je vois Nathan planté au milieu du parterre de fleurs.

Il arbore un sourire timoré et me salue poliment avant de me lancer une tirade qu'il semble avoir répétée avec soin.

— Je sors définitivement la semaine prochaine. Je vais mieux. J'ai un traitement, je suis bipolaire.

Je retrouve le jeune homme de l'été passé, l'enthousiasme en moins.

Lorsque tu arrives, tu es sur la défensive. Un bonjour à peine susurré et tu demandes à Nathan de monter. Je t'arrête.

— Hop hop hop ! Il faut qu'on parle.

— Quoi ? réponds-tu sèchement.

Je réponds calmement mais déterminée à poser des règles.

— Tu me laisses parler jusqu'au bout sans m'interrompre, s'il te plaît. Je n'apprécie pas que tu prennes la maison pour un hôtel. Pire, car dans un hôtel, on réserve. Ce qui est fait est fait. Nathan revient. O.K. Je vous demande un minimum de bienveillance, c'est-à-dire un peu d'aide pour le quotidien. Par contre, aucune violence ne sera tolérée. Si je suis témoin du moindre geste déplacé, Nathan repart illico presto.

Tu me dévisages et un rictus se dessine sur tes lèvres.

— Très bien, mère.

Tu as rempli ton dossier Parcoursup au lycée avec l'aide te tes professeurs en demandant un BTS prothésiste dentaire. En vœu numéro un, tu as coché Montpellier.

Une classe de BTS va ouvrir à Vic en septembre et tes professeurs t'expliquent que ta candidature, si elle est retenue, aura plus de chances d'aboutir ici.

Le résultat tombe début mai et, effectivement, tu es admise à Vic sous réserve, bien sûr, d'avoir le bac. Les notes stagnent à la moyenne mais le bilan étant sur les trois années, tu gardes le bénéfice de tes brillants résultats. Tu devrais décrocher ton diplôme.

Dorénavant, tu vas passer des week-ends chez Nathan. Sa maman va se remarier, tu es invitée aux préparatifs et tu fais la connaissance de toute la famille.

Rapidement, je reçois un appel de la mère qui est décontenancée par ton attitude.

Présentations d'usage. « Bonjour Isabelle, bonjour Mylène. »

— Je vous appelle car le comportement d'Amandine m'interpelle. Elle est irascible et mon fils est fragile. Je pense que cette relation est toxique. Elle fait des crises de jalousie. Elle me reproche de trop le chouchouter, de le considérer comme un bébé et de l'empêcher de devenir un homme. Elle se met en colère quand nous discutons tous les deux et ne tolère pas notre proximité. Elle l'éloigne de moi. Elle l'a d'ailleurs éloigné de tous ses amis. Clairement, elle lui interdit de les voir et ils m'ont fait part de leur désarroi. L'autre jour, ils se sont disputés, elle l'a battu. Une de ses cousines a assisté à la scène et Nathan, refusant de se défendre ou d'aller porter plainte, elle s'est rendue à la gendarmerie. Les flics ont dit qu'ils ne peuvent rien faire si la personne agressée ne vient pas elle-même déposer plainte, et Nathan refuse de lui créer des ennuis.

Mylène a déballé tout son sac d'un coup. Je suis agacée mais répondre sereinement est la meilleure attitude.

— Il y a incontestablement quelque chose d'anormal dans le comportement de ma fille. Pardon, mais Nathan n'est pas neutre dans cette histoire. Vous n'êtes pas sans savoir que la violence est réciproque ? Après son hospitalisation, il est revenu à la maison, il n'était pas obligé !

— Elle lui fait du chantage. Il n'arrive pas à rompre définitivement.

— S'il est incapable de s'affirmer et que vous n'arrivez pas à le convaincre de renoncer à cette histoire, que voulez-vous que je fasse, moi ?

— Il est sous son emprise.

— Elle aussi. Mettez-la dehors, c'est tout ce que je peux vous dire.

— Mon fils ne veut pas. Et je ne veux pas le perdre. Il la suivra.

— Je n'ai pas de réponse. Nathan est en apprentissage, presque autonome financièrement. Amandine va soit chercher du travail, soit continuer ses études, donc rapidement autonome aussi. Personnellement, je mise tout sur cela, qu'ils se débrouillent. En tout cas, je n'ai aucune influence sur ma fille pour la ramener à une once de raison.

— Nathan n'a plus d'argent sur son compte. Il a dépensé toutes ses économies qui étaient destinées à passer le permis. J'ai trouvé des factures d'hôtels cinq étoiles à Toulouse où ils ont passé des week-ends. Nathan accuse Amandine de l'y obliger.

Nathan, en ce mois de juin, revient pratiquement à temps plein à la maison. Amandine part à Vic pour les derniers cours et les révisions supervisées.

Je trouve bizarre qu'il ait autant de jours de RTT et qu'il soit disponible chaque fois qu'elle est là. Mylène ne se plaint plus de l'absence de son fils, ce qui me surprend.

Un nouveau problème surgit. Je reçois un appel du lycée. C'est le proviseur adjoint qui m'annonce qu'Amandine transporte du cannabis dans l'enceinte du lycée ainsi qu'à l'internat et qu'il a saisi la gendarmerie. Les doses trouvées ne sont pas passibles de mesure de justice. Néanmoins, cela justifie un renvoi immédiat et une obligation de suivi médical et de prévention. Il m'explique aussi que cet incident ne jouera pas en sa faveur pour l'inscription en BTS dans son établissement.

Je t'appelle dans la foulée. J'ai envie de hurler, de te tordre le cou. Cela serait contre-productif. Autant garder son calme.

Tu me réponds que c'est juste une dose de temps en temps, que ça te calme, que ça t'empêche de vriller.

Tu vas au premier rendez-vous au centre de prévention. Tu ne donnes pas suite et personne ne t'y oblige car il faut que tu sois volontaire.

De ce fait, tu ne subis aucune conséquence de tes actes, l'incident est banalisé. Tu retiens que tu es libre d'agir à ta guise.

Les adultes matures qui t'entourent ne sont à tes yeux que des pitres que tu penses mener par le bout du nez. Tu te penses invincible et le monde baise tes pieds.

Une fois de plus, tu passes à travers les mailles et aucun professionnel ne peut être alerté sur ce malaise profond qui te ronge. Tu donnes le change en restant polie, en t'excusant et en promettant de te plier aux règles.

Tu obtiens le bac. Une lueur d'espoir pour la suite. Une bataille de gagnée. Je pense naïvement que t'avoir menée jusqu'à ce bout de papier est le passeport pour un futur plus serein.

Finalement, ton dossier de BTS est accepté à Vic. Une pochette en carton baille sur le bureau délabré et bancal, laissant glisser les fiches d'inscription. Tu n'y portes guère d'intérêt.

— Amandine, la date limite de confirmation approche, que comptes-tu faire ?

— Je veux aller à Tahiti.

— Pour quoi faire ?

— En vacances, ou plus, je n'en sais rien. File-moi le blé que je me casse.

Nathan n'a pas l'air au courant ou il n'est pas prévu dans ton plan car il te regarde d'un air surpris.

À défaut de paysages polynésiens, tu pars en week-end à la mer avec des « potes ». Nathan ne semble pas participer à l'escapade. Lorsque tu reviens le dimanche, tu es enchantée, tu m'invites à écouter tes péripéties.

— Tu penses que je ne sais pas me débrouiller ? Pourtant, j'ai fait des choses que, même toi, tu n'es pas capable !

— Je t'écoute.

Tu es calme, tu me contes ton histoire, tu es sincère et je voyage en pleine science-fiction.

— On est partis en stop jusqu'à Leucate. On avait faim, on est allés dans la forêt, on a tué un cerf, on l'a dépecé et on l'a fait griller. C'était génial ! C'est délicieux !

Je suis habituée à tes excentricités, tes discours décalés, et je manque parfois de répartie. Mais là, je sèche complètement. Je ne sais pas quoi répondre. Ces quatre mots – « Je ne sais pas » – sont un refrain stocké dans le disque dur de mes zones corticales. Il tourne jour après jour et nuit après nuit depuis des années sans jamais s'interrompre.

— On est allés à un festival. Fabuleux ! Quelque chose s'est produit, quelque chose de magique. J'ai vu des écritures mayas apparaître sur les joues de mon pote. Elles étaient bleues. C'était trop beau.

— Des écritures mayas ?

— Oui, j'ai bien reconnu les signes, bien alignés deux par deux en colonnes.

Je reste placide mais directe.

— Est-ce que tu as pris une substance ?

— Je te dis que non. Je savais bien que tu ne me croirais pas. Je n'aurais jamais dû te faire confiance et te raconter ça.

Inutile d'entrer dans un conflit.

— Reconnais juste que ce n'est pas banal ! Tu pourrais écrire un livre.

— Bien sûr que ce n'est pas banal, je ne suis pas banale. Je te le dis depuis longtemps, que je ne réfléchis pas comme toi. Je suis différente. Je suis surdouée. Tu comprends ?

— Oui, je comprends que tu es différente.

Je nage en plein délire. Tout m'échappe complètement. Quels sont ces messages que tu reçois dans ce pays imaginaire où tu t'es réfugiée ?

Pour ta rentrée en BTS, tu as finalement choisi d'aller à Vic et on t'installe dans un studio à Tarbes. L'aménagement est prévu pour la fin de juillet. Le propriétaire est étonné car, ordinairement, les étudiants ne prennent leurs quartiers que la veille de la rentrée. Tarbes n'a rien de spécialement attrayant, ce n'est pas une station balnéaire ou touristique renommée pour des jeunes.

Tes disputes avec Nathan sont de plus en plus récurrentes. Il a démissionné de sa formation, ne veut pas rentrer chez lui et dort dans la rue.

Vous avez rompu, dans la violence.

À quelques jours de ton installation dans ton studio, tu acceptes entre deux crises de nerfs de m'accompagner pour choisir quelques articles pour la salle de bains ou de rangement. Tu exprimes peu d'enthousiasme car « tout est de la merde ».

Je remplis seule le chariot de courses avec tous les aliments de base et avec tous les produits de première nécessité.

Je fixe ton budget pour le mois. La somme est identique à celle de ton frère qui est étudiant à Agen.

Tu quittes la maison sans un regret, jurant que tu ne reviendras jamais dans ce lieu maudit.

Tu souhaites emmener Miko et j'argumente en défaveur de cette idée. Le pauvre chat n'est plus tout jeune, un tel déménagement risque d'être compliqué et nécessite une attention particulière. Il est préférable, dans un premier temps, que tu prennes tes repères et que tu organises tes journées.

Tu n'es pas convaincue, arguant que c'est le seul qui te comprend, que tu l'entends te parler et que toi seule a de l'affection pour lui. Néanmoins, tu acceptes de différer le projet. Tu le serres fort contre toi, tu lui dis que tu l'aimes et une larme glisse sur ta joue. Le chat regarde la voiture s'éloigner, la queue entre les jambes.

Une bouffée d'angoisse bloque ma respiration. Moi aussi, j'ai envie de pleurer.

En quelques heures, les cartons sont déchargés, déballés, et le studio est aménagé. Nous nous rendons dans les commerces environnants pour les derniers achats.

Tu ne veux pas partager le repas avec nous et tu nous pries de partir. Une bise échangée à la hâte et nous voilà sur le chemin du retour.

Je reçois ces quelques lignes sur ma messagerie :

Merci maman pour tout ce que tu as fait pour moi. Je suis souvent impulsive et je maîtrise mal la colère. Je suis comme ça. Différente de toi. J'aimerais que tu le comprennes. Je t'aime.

Tu étais pressée de nous voir partir, je ne suis pas vraiment dupe car, à travers ton attitude et des bribes de conversations, j'ai compris que Nathan n'est pas très loin et qu'il va te rejoindre. La rupture aura été de très courte durée.

17

L'éloignement

Ce 27 juillet 2015, je reçois ce message :

Maman, je suis contente, je mange et je prends le soleil sur la terrasse. Mon voisin est sympa. Merci encore pour les courses, pour les papiers. Ne t'inquiète pas, je ne vais plus prendre de drogue et je vais arrêter de fumer. Je vais bosser, obtenir mon BTS, tout ira bien.

Tant mieux si tout va bien, je te fais confiance. Mais après deux jours de calme, voilà que ressurgissent les vieux démons. Je reçois un nouveau message.

Je t'avise : dans 2 ans, BTS ou pas, je me barre à Tahiti et tu me paieras le voyage. Tu as su aller me chercher, tu me ramènes. C'est ça ou je te mets en justice. Tu parles que tu es stérile, tu viens me prendre et tu fais un gosse ! Je suis le dindon de la farce ! Tu vas le payer !

Je réponds en réassurant notre amour et le souci permanent de ton bien-être en m'excusant des maladresses que, vraisemblablement, tu interprètes mal.

Je relate une fois encore l'histoire de ta naissance. Il n'a jamais été question d'infertilité. Tu n'es pas l'enfant de la réparation ou un enfant de remplacement. Tu es issue du projet d'une histoire d'amour à part entière. Tu refuses ces explications. Tu te complais dans un scénario bâti sur le mensonge. Que l'on puisse t'aimer t'est insupportable.

Plusieurs fois par jour durant cet été 2015, nous échangeons autour de peccadilles qui prennent une ampleur démesurée. Tu envoies des messages à toutes les heures du jour et de la nuit. Je t'informe que, désormais, mon portable sera sur silencieux la nuit.

Tu répliques .

Tu peux l'éteindre complètement, ton téléphone. Au moins, ça me fera des vacances. Tu ne viendras pas pleurer s'il m'arrive quelque chose, tu ne pourras pas dire que personne t'a prévenue ! Ben oui, la preuve que tu n'en as rien à faire de moi ! Envoie-moi du fric. Avec ce que tu me files pour le mois, je vais crever de faim ! Ça te fait plaisir de me voir galérer !

Le mieux, parfois, est de ne rien répondre. Attiser la braise pour rallumer sans cesse le feu ne sert qu'à se torturer.

Dès ton départ, nous avons débarrassé ta chambre de tous les détritus. Nous avons détapissé. Sur les bandes de papier peint, je lis pour la dernière fois les citations mortifères qui me sont destinées.

L'odeur de la peinture fraîche prédomine désormais.

Des meubles tout neufs viennent panser le chaos des dernières années. Une décoration au style industriel qui, si tout s'était déroulé normalement, aurait dû accompagner tes années d'adolescence. Une décoration que tu aurais peut-être choisie.

Lorsque je rentre dans cette chambre sans âme, je réalise l'ampleur de mon chagrin, l'ampleur du vide. Il faut que je fasse le deuil de la jeune fille imaginée mais je ne renonce pas à te voir devenir une jeune femme responsable et heureuse. Nous rirons du passé. Tu es encore très jeune.

Dans un ultime carton, j'ai regroupé tout un tas de bricoles allant du foulard aux affiches de festival en passant par des bijoux et des courriers. Tu le récupéreras un jour, ou pas.

Je t'en informe.

J'espère que tu n'as rien jeté, je te jure : je te crève ! Tout pour me faire péter les plombs, bande de crevards ! Et n'oublie pas : vous avez bousillé ma vie, donc tant que je n'aurai pas ce que je veux, je vais vous les briser.

Décidément, l'air de Tarbes n'est pas chargé de particules apaisantes.

Comment tu peux te regarder dans la glace ? Tu as tué cinq bébés ! À combien de fausses couches tu te serais arrêtée si tu n'avais pas eu ton fils ! Tu n'es qu'une *serial killer* !

Une fois de plus pour faire face à ces remarques cinglantes, je relate les motivations de ton adoption sans animosité, tranquillement, avec l'amour comme étendard. Je reviens succinctement sur le caryotype responsable de nos infortunes et paradoxalement sur la merveilleuse histoire qu'est la nôtre.

Un mois que tu es partie et tu ne décolères pas. Tu réclames une housse de couette que j'ai jetée tellement la crasse imprégnée a résisté à toutes les lessives et détergents.

Je te propose de t'en faire parvenir une autre par la mère de Nathan. L'occasion de te signifier que j'ai repris contact avec elle.

Je suis fustigée. Une déferlante d'insultes s'abat sur moi. Mylène n'est pas épargnée. À tes menaces de revenir à la maison pour me faire la peau, je te menace de faire appel à la gendarmerie.

Ton indépendance n'est pas synonyme de quiétude mais réactive une posture et un raisonnement incohérents.

Dans le même temps, le propriétaire de ton appartement me prévient que les voisins se plaignent de tapages incessants. Ils sont dérangés par des cris, des hurlements, des bruits d'objets qui chutent et ils vous ont vus vous battre. Je n'ai pas d'autre solution que de lui conseiller d'appeler la police. Il marque un arrêt. Aucun parent d'étudiant n'a jamais dû lui faire cette préconisation. Je lui précise que c'est la seule mesure de protection possible.

En septembre, quelques jours après ta rentrée, tu m'appelles pour me dire que tes cours se passent bien, que tu es contente car l'une de tes profs est très sympa.

— Tu as trouvé ton stage ?

— J'ai des pistes, t'inquiète ! Bon… voilà, il y a une soirée à la fin du mois à Toulouse et je voulais savoir si je peux rentrer à la maison. Il y aura aussi deux potes avec moi.

Intermède silencieux.

— Oh oh ! Tu es toujours là ?

— Je vais en parler à papa.

Cette réponse, tel un coup de vent, dissipe ta bonne humeur.

— Putain, mais ce n'est pas vrai ! Depuis quand tu as besoin de l'autre connard pour prendre une décision ! Allez, oublie-moi ! Raye-moi de ta vie, pétasse ! Tu es venue me chercher pour bousiller ma vie parce que tu ne te serais jamais arrêtée de faire des fausses couches jusqu'à ce que tu aies ton propre gosse ! Sale égoïste ! Tu crois qu'il n'y a que les flics et les juges ? La justice, c'est la vie et tu paieras un jour, ça me met du baume au cœur. Je n'ai plus rien à te dire. C'est moi qui coupe les ponts. T'es juste une banque ! Crève, salope ! Tu m'as rendu dingue et Lila Rose s'en veut de m'avoir confiée à des incapables !

— Mais ce n'est pas possible, comment tu peux sortir autant d'insanités à la minute ?

— Je suis la victime. Ma vie aurait dû être à Tahiti ou dans une autre famille. Je n'ai pas eu de chance d'atterrir chez vous. Tu dis m'aimer mais tu fais quoi ? Tu n'es qu'un distributeur à billets. Tu crois qu'aimer, c'est de pourrir et gâter un gosse ? Tu ne me laisses même pas mériter les choses. Ce n'est pas ma faute si tu as cédé à tous mes caprices ! Tu t'es servie de moi !

— Je ne suis pas parfaite et, comme tous les parents, je commets des erreurs mais je ne peux pas te laisser dire que je ne t'aime pas et que je me suis servie de toi ! On en a parlé des centaines de fois. Je ne t'ai jamais rien caché ! J'ai l'impression que tu n'acceptes pas que l'on puisse t'aimer tout simplement ! Explique-moi ce qu'aimer veut dire pour toi ? Qu'est-ce qu'il faudrait que je fasse pour répondre à ta définition ?

— Mais tu ne peux rien comprendre à ce que je pense ! Tu n'es pas dans mon cerveau ! Je te le dis et je te le répète : je ne réfléchis pas comme toi ! Est-ce que tu vas finir par te le fourrer dans le crâne ! Tu penses que je suis folle et tu as raison, tu m'as rendue folle, moi, le petit ange que j'étais ! C'est bien ce que tu dis ? J'étais un petit ange et paf ! Un jour, tout a basculé ! Allez, va, je te laisse… On ne peut pas parler avec toi, tu es incapable de te remettre en question. Va consulter, mère !

Fabien me fait part de tes échanges avec Lila Rose sur Facebook. Il trouve cela malsain.

C'est la tradition dans l'adoption en Polynésie de garder des liens. Dans les autres familles autour de moi, ces échanges se passent bien. L'amour se multiplie, il ne se divise pas.

Amandine échange avec elle sur les réseaux sociaux. Elle a pris la main, je suis fière d'avoir pu respecter notre alliance. Ce qui me peine, c'est que Lila Rose n'ait qu'un « son de cloche ». Elle ne répond pas à mes courriers et peut-être ne les reçoit-elle pas car elle change souvent de domicile et éventuellement de boîte postale. Je suis, je dois l'avouer, meurtrie de passer pour une mauvaise mère.

Finalement, je finis par me détacher, je ne peux pas interférer dans les sentiments et ressentiments qu'évoque Amandine, c'est leur histoire. Elle est pour l'instant aux couleurs de la colère de l'une et des remords de l'autre.

Tu fais ton premier stage de BTS à Tarbes, en octobre. Tu l'as trouvé seule et je te félicite. Dans tes messages, tu m'assures que le calme est revenu. Tu t'adresses à moi de façon cordiale et affectueuse.

Nathan cherche du travail, vous vous êtes distribué les différentes tâches à faire pour organiser le quotidien.

Mylène confirme cette accalmie mais reste méfiante.

Je profite de cette embellie pour régénérer mes pensées. Il y aura une issue favorable à toute cette histoire, le contraire n'est pas envisageable.

Fabien va avoir vingt ans

Tu es, comme je le pensais, ravie de venir à l'anniversaire de ton frère. Lui et tes grands-parents sont les membres de la famille que tu affectionnes le plus sans les démolir. Tu as accepté de venir seule et promis de te tenir convenablement. J'espère que, pour ton frère, tu feras le maximum pour ne pas lui gâcher la fête.

Lorsque je vais te chercher au métro, tu es déjà, à mon avis, légèrement alcoolisée. Désinhibée, tu es gentille. Tu m'embrasses comme si on s'était quittées hier les meilleures amies du monde. Tu lances quelques critiques incisives à l'encontre de ton père. Tu le condamnes à la rancœur à perpétuité.

Durant la soirée, tu adresses peu la parole aux invités, te protégeant des questions et des remarques.

L'apéro finit de te donner des ailes et tu danses sans discontinuer sauf pour aller vomir dans les toilettes. Tu es à la fois discrète dans tes échanges et dévergondée dans ton comportement.

Je te raccompagne le lendemain à la gare, tu ne veux pas t'éterniser dans cette famille que tu compares à un simulacre.

Ton père ne va pas bien, l'ombre de la dépression plane au-dessus de lui. Il refuse d'aller consulter un psychologue et se contente du traitement prescrit par le médecin généraliste.

Cette mélancolie dure depuis des années mais elle s'intensifie face aux difficultés traversées. Nos échanges sur ce sujet se terminent par des disputes qui s'ajoutent à une mésentente qui fait imploser la famille.

18

2016

L'année commence par des appels du secrétariat du BTS. Tu es absente sans prévenir et sans fournir d'excuse. Tu reprends de la drogue ! Tes disputes avec Nathan se multiplient.

Tu es consciente que cette relation est néfaste et qu'elle te tire vers le bas. Mais tu ne t'imagines pas vivre sans lui.

Tous les gens que tu côtoies te veulent du mal, en commençant par tes camarades de promotion. Je suis inquiète car tu souffres de ce sentiment de persécution. Est-ce la faute à ton chagrin d'amour ? D'où te vient cette perte d'estime de soi ?

À la fin d'avril, tu n'as pas trouvé de stage à Tarbes. Tes professeurs t'ont aidée à en décrocher un dans le centre-ville de Toulouse.

Ton père proteste car, de ce fait, tu dois revenir habiter à la maison.

Tu retrouves donc ta chambre flambant neuve.

Une semaine avant le début du stage, tu n'as pas fait signer ta convention et tes professeurs, par téléphone, te pressent d'aller te présenter. Tu préfères aller chez tes nouveaux amis. Tu restes peu à la maison. J'aperçois une voiture venir à toute heure se garer devant la maison pour venir te chercher et te ramener. Tu profites des vacances et tu m'assures qu'il n'y a pas d'inquiétude à avoir. Tu gères.

Tu décides enfin de rencontrer ton futur maître de stage. Lorsque je te récupère au métro, tu ne manques pas d'éloges en me décrivant le laboratoire dernier cri dans lequel tu vas évoluer. Subitement, les expressions de joie s'effacent, laissant place au doute et à l'angoisse de ne pas être à la hauteur. Tu es sûre, tout à coup, d'avoir lu sur le visage de ton boss de la suspicion quant à tes capacités à travailler.

Tu m'avoues alors que tu as oublié ta mallette et tout ton matériel de prothèse à Tarbes. Je serre les dents autant que le volant pour ne pas me mettre à hurler.

Tu as juste le temps durant le week-end de faire un aller-retour. Par la même occasion, tu pourras vérifier que tous les appareils électriques sont éteints, le frigo et les poubelles vidés.

Ce dimanche 1er mai, je te dévisage à ton insu, tu n'as pas bonne mine, tu as le teint jaunâtre. Tu as les yeux vitreux. Tu restes assise sur la pelouse, caressant Miko, mais ton regard se perd au loin. Il y a au moins une heure que tu es perdue dans je ne sais quelles pensées et tu as l'air complètement déconnectée. Lorsque tu te lèves, tu marches au ralenti, tu lèves un pied puis l'autre pour enjamber le petit muret qui te mène dans l'allée. Tu as la démarche d'un vieillard. La toux ne t'épargne pas, tu as une nouvelle fois une bronchite asthmatiforme.

Tu ne pars pas en stage dans les meilleures conditions.

Le lundi soir, tu es paniquée, tu ne peux pas travailler car la toux te fait trembler et aucun de tes gestes n'est précis. Tu tousses sans discontinuer et tu penses déranger tous les professionnels.

En espérant que les corticoïdes feront effet rapidement, tu repars le mardi.

Vers midi, tu m'appelles. Ton discours est complètement décousu. Les gens se moquent de toi, rient de tes erreurs. Tu leur as expliqué comment tu réalisais un moulage chez Sybille et ils répliquent que c'est n'importe quoi. Ils sont malveillants et tu te sens très mal.

Le mercredi, veille du pont de l'Ascension, tu es plus détendue. On t'a confié des responsabilités et tu reprends confiance en toi. Dans la soirée, je t'entends rire au téléphone, tu échanges un long moment avec moi et tu me demandes gentiment de t'amener au métro car il n'y a plus de bus et personne ne peut venir te chercher. Tu prends quelques affaires, tu me dis de ne pas m'inquiéter, tu m'aimes et tu me remercies de tout ce que je fais pour toi.

Je suis loin d'être rassurée, mais tu as 22 ans.

Vendredi 6 mai, tu m'embrasses et tu me lances que tu vas passer le week-end chez des amis. Le dimanche, tu reviens en larmes, tu pleures toute la nuit. Tu refuses de donner des explications et, le lundi, tu pars en stage à reculons.

Mardi 10 mai. Tu sors de la bouche de métro tendue de la tête aux pieds. Tout juste si tu plies les genoux pour avancer. Tes yeux noirs quadrillent l'environnement et tu m'annonces que ton tuteur met fin au stage. Il t'a dit que tu avais trop de problèmes personnels, que tu ne faisais que pleurer.

Tu me demandes de prendre rendez-vous chez un psychiatre mais tu n'y vas pas.

Le 3 juin, je reçois plusieurs messages de l'infirmière me priant de la rappeler. Elle me fait part de l'inquiétude de toute l'équipe éducative. Tu t'es énervée après un professeur et tu as refusé de faire ton travail car en désaccord sur la méthode à utiliser. Tu as quitté la classe en claquant la porte, laissant tes camarades médusés, et tu t'es réfugiée à l'infirmerie.

Le malaise est à prendre avec sérieux car tu lui as confié avoir repris de la drogue et bien plus que du cannabis. Cette consommation empiète sur tes études et tu n'es plus en mesure de suivre une formation dans de bonnes conditions.

Georges s'est proposé de te conduire à un rendez-vous au centre de prévention des addictions.

Mon téléphone bipe enfin.

Maman, ne t'inquiète pas mais je ne vais pas continuer à prendre des RDV dans ce centre de dégénérés. Il me file un RDV le jour du contrôle continu. De toute façon, j'ai compris, je ne prends plus rien. J'ai eu peur l'autre jour en faisant la maligne. J'ai un copain prêt à m'aider, il est clean, pas comme tous les autres tocards qui ont croisé ma route. Je vais passer à la maison samedi, mais no stress, vous ne me verrez pas, viteuf, je prends des affaires.

Je ne crois pas à ces pieuses promesses et j'appelle une antenne dédiée aux personnes ou aux proches confrontés aux problèmes des addictions. Une interlocutrice restera à mon écoute plus d'une heure.

En réponse à mes questions, elle oriente la conduite à tenir vers le dialogue, favoriser les échanges, s'intéresser à la personne, passer du temps avec elle, partager des activités comme aller au cinéma, au restau, ouvrir la parole sur le positif, ne pas être dans le reproche, renouer les liens, réaffirmer son amour.

Je retiens ces préconisations, mais, à distance, il faut que j'imagine quelques adaptations.

Ce vendredi 10 juin, tu rentres à pas de loup en pleine nuit. Juste quelques minutes. J'essaie par la fenêtre de glaner quelques indices. Je ne distingue ni la marque de la voiture ni le visage du conducteur. J'oublie facilement que je n'ai pas la vision d'un lynx.

Un nouveau venu qui, je l'espère de tout cœur, est celui qui va vraiment, comme tu le dis, te tirer vers le haut.

Le samedi, après une demande polie, tu viens te ravitailler en nourriture.

Tu es souriante, tu as enterré la hâche de guerre et tu es incroyablement calme. Tu m'embrasses joyeusement.

L'année scolaire s'achève et l'échec est imparable, tu as trop de retard tant en théorie qu'en pratique. Tu n'as rendu aucun dossier ou rapport de stage.

Tu affirmes qu'en septembre, tu reprendras les cours ou tu chercheras du travail. Que je ne dois pas m'inquiéter.

Durant l'été, tu as des révélations divines. Tu veux connaître mon avis sur la résurrection, sur les différentes religions. Tu tiens un discours à la fois érudit et loufoque. Je n'ai pas de point de vue pour alimenter la discussion sans te froisser. Je ne veux pas t'amener à penser que je ne te prends pas au sérieux, ou pire : que je me moque de toi.

Je me contente de te demander d'où tu tiens tes sources et de corriger mes lacunes.

La rentrée de septembre renvoie chacun à ses occupations. Il faut que tu trouves un stage de deuxième année. Tu veux rester le moins possible à Tarbes. Tu ne supportes plus du tout l'appartement. Tu ressens des ondes négatives qui t'aspirent vers le néant. C'est une drôle de façon de dire que tu n'as pas le moral.

Tu me sollicites pour te procurer la liste des prothésistes dont le laboratoire est à proximité du métro. Finalement, tu vas joindre Sybille et lui demander l'asile professionnel. Tu te plains qu'elle ne t'a pas fait faire grand-chose lors du dernier stage, mais je pense que tu veux revenir à quelque chose de connu. Cela ne te convient pas mais c'est sans surprise et rassurant.

19

Sur la lune et au-delà

En ce vendredi 7 octobre, tu arrives à la maison mais tu n'as pas bonne mine. Au milieu de la nuit, le chat gratte à la porte de ma chambre. Il veut sortir dans le jardin. En général, il dort au garage mais il sait se faire oublier en se cachant sous une chaise ou dans le lit de sa maîtresse.

Je me lève, il dévale l'escalier et je lui emboîte le pas ou plutôt la patte. Je ne suis pas de très bonne humeur car, réveillée, je sais que je ne pourrai pas me rendormir.

Je traverse le séjour, je m'arrête et je retiens ma respiration. Tu es debout au centre de la pièce, dans le noir complet, immobile, les yeux figés vers le plafond. Je te parle mais tu ne sors pas de ta torpeur. Pensant tout simplement que tu as pris une substance prohibée et incapable à cette heure d'évoquer une hypothèse différente, je te prie de monter te coucher sans autre discussion.

Au petit matin, tu es déjà en bas, assise sur le fauteuil et dans le même état de sidération. Tu n'as pas changé de vêtements, tu as loupé la salle de bains. Tu es pétrifiée, enveloppée d'une aura mystérieuse. Tu sembles être tombée en catalepsie.

— Amandine, qu'est-ce que tu as ?

— Rien de spécial.

— Mais tu te rends compte que tes agissements sont bizarres ?

— Ah bon !

— Tu as pris de la drogue ?

Tu me toises comme si je venais de sortir une ineptie.

— Oui, mais c'était il y a longtemps. On en avait parlé, non ?

Il n'y a pas d'ironie, ta question est sincère. Je suis décontenancée.

— Je ne sais pas ce qui se passe mais tu m'inquiètes.

— Mais non.

Ton père confirme mes observations. Il y a quelque chose de préoccupant dans tes agissements. Je téléphone à ton frère. Il m'assure que si tu as consommé de la drogue, l'effet va se dissiper rapidement. Je n'ai pas d'indication précise sur la temporalité mais cette nuit déjà, tu étais bien perchée.

Je vaque à mes occupations quand tu surgis derrière moi.

— Est-ce que tu es vivante ?

— Je ne comprends pas ta question !

— Est-ce que tu es vivante ?

— Mais n'importe quoi.

— J'ai fait des fautes graves.

— C'est-à-dire ?

— Dans une autre vie, je paie pour ça aujourd'hui.

— Bon, arrête, là. Ce n'est pas drôle, tes bêtises. Va prendre une douche et prépare tes affaires pour le week-end.

Je réalise à ce moment-là que, la veille, tu es arrivée sans valise. Tu es censée commencer ton stage le lundi et y rester plusieurs semaines.

— Tu as laissé tes affaires dans la voiture ?

Tu ne sembles pas comprendre la question.

— J'ai des trucs en haut.

— Ta mallette de prothèse ?

Tu soupires mais tu restes impavide.

— Maman, je sais que tu m'as toujours menti.

— À quel propos ?

— Ne fais pas l'ignorante.

— Je ne vois vraiment pas.

— Au sujet des jumeaux. Cela n'existe pas. C'est juste un être qui voit son autre.

— C'est bon, là. Arrête tes conneries. Tu as pris une option théâtre ou quoi ?

— Tu veux bien m'écouter, pour une fois ?

— Cela fait une heure que je t'écoute déblatérer…

C'est, en fait, un dialogue de sourds.

— Peux-tu me prouver que je n'ai pas été violée ?

— Pouh….

— Peux-tu me prouver que je n'ai pas tué quelqu'un ?

— Toujours plus !

— De toute façon, j'ai jeté mes bagues, je ne suis pas un chien qu'on attache.

Je suis prête à perdre patience quand, effectivement, je vois tes doigts nus. Si tu dis vrai, tu t'es débarrassée de bijoux en or auxquels tu tiens beaucoup. Certains offerts par la famille et d'autres m'appartenant. Tu me les as empruntés pour avoir quelque chose de moi avec toi. Un joli témoignage qu'au-delà de toutes les mésententes, c'est l'amour qui domine.

Je fonce dans la voiture car, avec un peu de chance, ils se sont glissés dans un recoin. Ton père est invité à la chasse aux trésors. Nous voilà contorsionnés dans l'habitacle. La piste suivante à exploiter est la chambre. Saint Antoine nous fait un signe et l'on retrouve deux chevalières. La bague de tes 18 ans reste introuvable.

Tu vois l'enfer devant toi et une voix essaie de te convaincre d'y faire un saut. En attendant que Lucifer cesse son appel à venir le rejoindre, je range les précieux joyaux.

Je ne sais pas s'il faut rire ou s'affoler et je suis tellement ahurie que mon cerveau n'est pas plus brillant que le tien pour cogiter. À aucun moment, je n'ai conscience que la situation vient de prendre une tournure alarmante.

Dans l'après-midi de ce samedi 8 octobre, la famille au complet se serre dans la Mondeo en direction du Tarn. Nous allons fêter l'anniversaire de Lilian. Tu as changé d'avis maintes fois avant de te décider à nous suivre. L'idée de te laisser seule dans cet état incohérent ne me réjouissait pas et je suis heureuse de t'embarquer avec nous.

Durant le trajet, tu tiens un discours décousu. Tout à coup, tu ouvres la portière, tu veux descendre car tu penses que tu vas t'ennuyer. Ton frère te retient *in extremis*. Ton père active la sécurité enfant.

Contaminés par un refus de prendre en considération les différents symptômes préoccupants, nous rions.

En réponse, tu ris aussi. Si, vraiment, tu as ingurgité une quelconque drogue, le retour à la normale se fait attendre. Tu restes calme, tu ris, tu ne montres aucune agressivité, je m'attache plus à ces caractéristiques qu'à ton discours complètement abscons.

Tu passes la soirée à regarder le plafond, je la passe à éviter de penser. Je regarde mon fils, son amie Lolo, Régis. Nous sommes ici, ensemble. Autour de nous, toute la famille comme un solide paravent, une protection indéfectible.

Dimanche matin, la journée semble s'écrire sur la même partition. Tu vas faire un tour autour du lac qui borde les petites habitations de vacances. Tu reviens, tu repars, tu téléphones. Tu ne tiens pas en place.

À midi, tu refuses d'entrer dans la salle des fêtes. La mort t'appelle. Tu me supplies de t'aider à la faire fuir. Tu tiens des discours mystiques incompréhensibles. Tu as entendu les poissons du lac te parler. Je t'entends appeler tes amis au téléphone et raconter des histoires plus nébuleuses les unes que les autres. Contrairement à la veille, tu as peur et tu souffres. Les traits de ton visage sont torturés. Tu es incohérente et rien ne laisse présager un retour à la normale.

Il faut rentrer et prévenir un médecin. Si notre appel reste sans réponse comme dans le passé, que va-t-on faire ? Je ressasse tout au long du trajet retour l'éventualité des portes qui resteraient fermées. Tous mes SOS se sont jusque-là évaporés dans la brume épaisse des certitudes des différents professionnels interpellés. Sans oublier que tu es majeure.

Je t'informe que nous allons appeler un docteur. Tu donnes ton accord car tu vas vraiment mal et tu as l'impression que tu vas mourir puis tu changes d'avis car tu ne veux pas aller à l'hôpital.

Le médecin qui prend notre appel au Samu est compréhensif mais il n'a personne à envoyer avant plusieurs heures. Il nous est impossible de te conduire nous-mêmes aux urgences car, dans chaque éclair de lucidité, tu menaces de t'enfuir.

Il promet de faire au plus vite. Je te propose d'aller te détendre dans un bain pour gagner du temps.

Le Samu arrive finalement assez rapidement. Une équipe de professionnels te prend en charge avec patience et diplomatie. Tu acceptes de monter dans l'ambulance et je prends place à ton côté.

L'attente aux urgences psychiatriques est interminable. Tu restes calme mais délirante. Ce mot prend tout son sens.

Le médecin m'invite à m'asseoir. Je suis terrifiée à l'idée qu'il me demande de repartir avec toi.

Il parle d'un ton solennel de bouffées délirantes et de soins incontournables. Tu n'es pas consentante pour une hospitalisation et il m'explique la procédure de l'hospitalisation à la demande d'un tiers. (C'est l'article L 3212-1 du code de la santé publique. Il s'applique lorsque le malade présente des troubles mentaux rendant impossible son consentement. Il est justifié par la nécessité de soins immédiats et d'une surveillance constante en milieu hospitalier, médicalement attestée. La demande doit être manuscrite et effectuée sur papier libre, datée et signée. À 24 et 72 heures, le patient est réévalué par un psychiatre qui rédige un certificat médical pour maintenir ou non l'hospitalisation. En cas d'urgence, les certificats établis à 24 et 72 heures seront établis par des médecins autres que le médecin qui rédige le premier certificat. L'hospitalisation sous contrainte ne peut se poursuivre sans un contrôle du juge des libertés et de la détention.)

Ma main tremble et le stylo dérape. Les larmes s'étalent sur le papier et l'encre se répand en camaïeu de bleu. Je rate une ligne, j'inverse le prénom et la date de naissance, inscrivant les miens. Je vais passer un temps infini à recommencer avant de rendre un document propre et correctement rempli.

Je signe un document pour enfermer mon enfant, seule solution de remplacement à des soins que j'ai tant espérés.

Les sentiments se bousculent. Si, demain, je fais une crise cardiaque dans la rue et que je suis incapable d'exprimer un choix de soins ou non, j'aurai droit au défibrillateur et je partirai aux soins intensifs sans que personne ne signe rien.

Les protocoles en psychiatrie sont curieux et ne vont pas faciliter nos rapports déjà mis à mal quand tu vas comprendre que je suis responsable de ton enfermement. Mais pour l'instant, ce qui compte, c'est ta prise en charge et l'espoir d'un suivi pour en finir avec ce cauchemar qui dure depuis tant d'années.

Deux infirmiers te tiennent fermement pour te guider vers le service dédié. En me voyant, tu hurles, tu m'insultes et tu me maudis. Tu n'es plus léthargique du tout et tu as retrouvé tout ton lexique vénéneux. Tu me craches dessus.

Je pleure, assise sur cette chaise en fer de ce service des urgences psychiatriques. Je ne sais pas de quel côté est la sortie. Je ne m'aventure pas. J'attends que Régis vienne me chercher.

Une femme s'approche, met sa main sur la mienne. C'est la cinquième fois qu'elle vient signer une hospitalisation à la demande d'un tiers. Sa fille a 35 ans. Elle travaille, allait bien et pourtant elle a rechuté car elle a arrêté son traitement. Je l'aperçois qui sort des toilettes, elle titube. Le regard perdu, elle se dirige vers sa mère qui l'aide à s'asseoir. Je m'entends lui dire que pour toi, c'est différent, tu n'as jamais eu de traitement, ni de diagnostic, et qu'enfin, tu vas avoir une prise en charge, que tout va rentrer dans l'ordre.

Cette vision est insoutenable. Ce n'est pas une personne que j'ai devant moi mais un zombi. Mes larmes redoublent. Quel va être le prix de la guérison ?

Après deux jours passés à l'hôpital, tu es transférée à la clinique privée Bonsort, établissement habilité pour accueillir les patients hospitalisés sous contrainte.

La voix brisée, je préviens Sybille que tu ne feras pas ton stage. J'avertis l'école. Ton professeur me fait part de ton comportement curieux ces derniers temps. Tu n'arrivais même plus à faire les gestes professionnels de base. Tu faisais peur à tes camarades avec des propos complètement incohérents. L'équipe éducative attendait le stage pour faire un bilan.

Là-bas, nous n'avons pas le droit de te rendre visite. Tu es très agitée, résistante aux médicaments, et tu dois être mise à l'isolement, parfois attachée. Je suis sidérée mais quelle autre solution que de faire confiance ? Les infirmiers sont extrêmement gentils et prennent le temps de donner de tes nouvelles.

Pour accéder à la clinique située en pleine campagne, il ne faut pas rater le panneau très confidentiel qui indique une toute petite route interminable à travers un immense parc boisé. Ce cadre pensé pour être calme et reposant ne m'inspire qu'une profonde mélancolie. Dans un conte de Charles Perrault, au bout de ce chemin se dessinerait un magnifique château.

Mais là, c'est une triste bâtisse grise qui est posée là, par défaut. Le hall d'entrée, plus récent, est typique d'une petite structure hospitalière, il dessert le standard, la machine à café et l'accès aux différents bureaux de consultation. Sur chaque porte, le nom d'un praticien.

Je me rends au premier rendez-vous avec le docteur Febienca, espérant avoir des réponses à mes nombreuses questions. La psychiatre fait le constat de ton état à ton admission. Je ressens ce même regard culpabilisant que celui qu'on m'avait jeté quand, petite, tu t'étais cassé le poignet. Ce serait un comble si elle faisait une allusion à un manquement de ma part de ne pas t'avoir amenée consulter plus tôt.

Je me lance dans une rétrospective de tes 22 années. Elle m'écoute, sourit, plaisante. Elle est rassurante concernant notre épuisement et ta prise en charge qui devrait nous permettre de souffler. En revanche, elle est en colère contre ses confrères de l'hôpital public qui t'ont présentée comme une patiente délirante mais calme. Tu as tenté de sauter de l'ambulance et, à ton arrivée, plusieurs professionnels ont dû te maîtriser pour te conduire dans le service.

Je ne comprends pas si c'est un blâme et s'il faut que je m'excuse. A-t-elle vraiment compris ce qu'on endure depuis des mois ?

Une dizaine de jours plus tard, tu as le droit de nous téléphoner. Tu es furieuse. Tu demandes juste quelques effets personnels entre deux gros mots.

La première visite est une catastrophe. Je traverse la clinique, découvrant des secteurs réhabilités, au confort moderne, et d'autres dans « leur jus ».

J'entre dans ton service, par chance rénové, mais je suis saisie par cette atmosphère glauque. Un autre monde. Des patients déboulent de tous les côtés. Ils sont tous bien plus âgés que toi, si tant est qu'on puisse leur donner un âge. Ils ont tous les yeux vitreux, éteints, une allure étrange, et ils tiennent des discours complètement décalés. Les gestes sont trop lents ou mal accordés. Ils ont tous une belle dénomination sur leur dossier médical, des appellations qui rendent le dictionnaire nécessaire pour ne pas commettre de faute d'orthographe mais le mot juste est « fou ». Je suis chez les fous. Les zinzins. Les barjos. Les dingos.

Tu sors d'une pièce dans le même accoutrement que les autres et tu danses la même chorégraphie. Malgré cela, je dis à l'infirmière que, certes, je suis consciente que tu as un problème mais, tout de même, ce service… c'est peut-être un peu inadapté.

Tu ne me laisses pas le temps de m'apitoyer, tu veux m'agripper, un infirmier t'empoigne et t'éloigne. Tu vocifères :

— Tu es une pute, une salope…

Le personnel soignant est baptisé par les mêmes adjectifs.

Finalement, tu es peut-être bien à ta place !

Je demande au docteur Febienca si tu seras en capacité de continuer ta formation. J'ai besoin de certificats médicaux pour justifier ton absence. Elle répond clairement que, pour cette année, c'est terminé.

Ce n'est pas vraiment une surprise. Même si tu étais en capacité de rebondir en janvier, tu aurais trop de retard à rattraper. L'urgence est que tu retrouves tes esprits, ton avenir professionnel peut attendre.

La deuxième visite n'est pas plus exaltante. On nous autorise à venir mais entre-temps, tu as été mise en chambre d'isolement. Je scrute désespérément l'environnement mais ton père t'aperçoit sur la caméra de surveillance dans une pièce capitonnée, tournant comme un lion en cage autour d'un lit scellé au sol. Il me fait un signe et je te vois. Tu es perdue dans un pyjama en papier quatre fois trop grand, tu es perdue corps et âme.

Le double enfermement dure le moins de temps possible, parfois juste une heure ou deux, mais je suis blessée. Par résonance, je ressens ta douleur. Du moins, je ressens une douleur, car la tienne t'appartient et appartient à tes compagnons de misère.

Dorénavant et jusqu'à nouvel ordre, les visites me sont à nouveau interdites.

Tu me harcèles de coups de téléphone, tes reproches ne me sont pas étrangers. Je suis pourrie, je veux ta mort, je t'ai rendue folle, je t'ai emprisonnée, tu vas porter plainte, tu vas me faire la peau quand tu sors…

Tu casses ton téléphone et tes lunettes. Tu utilises celui du service et mon portable n'en finit plus de biper. Tu ne peux pas écrire de message et tu ne peux pas écrire tout court car tu y vois flou. Tu veux le remplacement immédiat de ces objets et la forme de tes demandes m'est familière. Tu es intarissable en langage populaire et tu maîtrises le vocabulaire vulgaire et péjoratif avec excellence. La phrase injonctive n'a pas de secrets pour toi.

Seul le débit de tes paroles m'est inconnu. Tu articules mal, comme si tu avais une patate chaude dans la bouche. La dose de médicaments que l'on t'inflige en est la cause. Je te réponds calmement sans trop savoir quels arguments mettre en exergue pour ne pas te blesser.

Mon téléphone finit par rester muet. Tu as décidé de ne communiquer qu'avec ton père. L'ennemi d'hier que tu maudissais et affublais de tous les noms d'oiseaux est devenu ton allié. Qu'importe, l'essentiel est que tu trouves une ressource rassurante dans la famille. Tu l'adules car, selon toi : il ne s'est pas occupé de toi, il t'a laissée tranquille, il a su ne pas t'étouffer. Il avait la meilleure idée pour t'aider : te laisser à tes 18 ans te débrouiller, même si c'était dans la rue. Je lui ai coupé l'herbe sous les pieds. Aujourd'hui, tu serais dealer et tu serais riche.

Les infirmiers me précisent que tu es toujours résistante aux traitements et que différents protocoles sont en cours. Tu ne coopères pas, une surveillance est nécessaire car tu vas vomir les médicaments, ce qui neutralise l'efficacité.

Ton père vient un soir, seul. Il a l'autorisation de te balader dans le parc de la clinique. À peine dans le jardin, tu pars en courant, décidée à fuir. Il a le réflexe de siffler et des soignants accourent pour te rattraper.

Tu insistes pour me voir à nouveau. J'ai le droit de venir en visite. Après avoir franchi tous les sas de sécurité fermés à clef, j'entre dans la salle commune où sont proposés jeux, lecture et télévision.

Tu es avachie sur un canapé, un bras et une jambe pendant dans le vide. Tu sens le vomi, un filet de bave a séché dans la commissure de tes lèvres. Tu somnoles, tu ne me vois même pas. Tu es bouffie. Tu as pris sept kilos en moins de trois semaines. Ta santé passe avant l'apparence mais cette transformation me bouleverse.

La dame du couloir des urgences, que je trouvais déjantée quelques jours plus tôt, était en pleine forme à coté de toi.

Un médecin est passé te voir car tu as une otite et tu te plains de douleurs à l'estomac.

Je te tiens la main. J'essaie de te parler en ravalant mes larmes mais je n'entends que quelques sons inaudibles.

Un homme à la carrure bien trempée entre dans la pièce d'un pas assuré. Je sursaute. Il est penché au-dessus de moi et il s'exclame, hautain :

— Ah ! Elle est enfin calmée, celle-là, après le week-end qu'elle nous a fait passer !

Avant que je ne me présente et qu'il ne fasse de même, il est dans le couloir. Un patient l'interpelle et je comprends qu'il s'agit du docteur Bonlier, psychiatre dans cette clinique. Quelle impolitesse ! À la limite de l'insolence. Un comportement indigne d'un médecin.

Je quitte ce sordide endroit en refoulant ma peine. En quelques secondes, j'ai perdu toute confiance, un vétérinaire aurait eu plus d'empathie. Dans quelles mains je te laisse ? Sont-ils vraiment bienveillants ? Heureusement, ce n'est pas le praticien qui te suit. Finalement, on a de la chance.

Le lendemain, je reviens pour t'apporter un téléphone. Du fond du couloir, tu te presses pour venir à ma rencontre et je perçois un léger sourire. Tu as hâte de le récupérer. J'ai acheté un appareil tout simple et, à sa vue, tu changes de couleur et d'expression. Deux infirmiers sont obligés d'intervenir pour te ramener dans ta chambre.

Je n'ai plus le droit de venir te voir jusqu'à nouvel ordre.

Le lendemain, le docteur Febienca nous appelle pour nous dire que tu peux sortir quelques heures pour aller à la maison ou faire un tour à Auchan pour te changer les idées.

— Docteur, je ne comprends pas bien. Hier, on m'a dit que je ne pouvais plus venir la voir car ma présence déclenche des troubles du comportement.

— Vous, oui. Mais son père peut la gérer ?

— C'est un peu particulier comme situation : elle est hospitalisée sous contrainte et elle a le droit de sortir ?

— Elle n'est pas en prison.

— À la maison, si elle me voit, elle va péter !

— Allez faire un tour ! me lance-t-elle ironiquement.

Je rêve ou j'interprète mal ces paroles ? J'hésite.

— Si elle se sauve ?

— Elle est hospitalisée sous contrainte, donc vous appelez la gendarmerie, ils sont tenus de la retrouver.

— Vous lui avez supprimé les ceintures, les attaches des sweat-shirts, elle fait comment pour se promener avec les baskets sans lacets ?

— Ne vous inquiétez pas, elle a de la ressource. Par contre, cette proposition n'est pas une obligation. Si vous ne vous sentez pas capable de la sortir aujourd'hui, nous lui en faisons part et on verra plus tard.

Je comprends que psychiatrie ne rime pas forcément avec psychologie. Comment trouver meilleure formule pour culpabiliser des parents ?

La sortie à la maison sera de courte durée car tu es ingérable. Ton père te ramène presque aussitôt et, heureusement, tu ne manifestes aucune résistance.

Cette sortie me laisse un avant-goût amer de ce que, je le présume, va être l'avenir. Une intuition que l'aide attendue restera illusoire. L'espoir aura duré le temps de ton transfert des urgences de l'hôpital public à la clinique Bonsort.

Je sens ton père, fragile, s'enfoncer dans la dépression. Il fait bonne figure, essaie d'être présent, se plie aux conseils pour compenser le temps où il s'est démobilisé. Personne ne peut le blâmer. Il ne faut pas perdre de l'énergie en regrets car je pense que nous en aurons besoin pour construire l'avenir.

Lundi 24 octobre, tu me supplies de venir te voir. L'infirmière me demande quelques minutes, le temps de lire ton dossier, et elle donne son accord.

Tu pleures, tu t'inquiètes pour ton avenir. Nous parlons tranquillement quelques minutes. Tu me dis que tous les gens autour de toi sont fous et que tu ne mérites pas d'être « parquée » dans cet endroit. Néanmoins, tu t'es fait quelques connaissances. Tu passes d'un sujet à un autre et tu es vite fatiguée. Nous nous embrassons.

Je traverse le parc où les lumières des réverbères habillent les chênes et les bouleaux d'une étrange lumière. Le vent d'autan les effeuille et leur confère une silhouette insolite. Au loin, le coucher de soleil derrière les collines parfait ce paysage onirique. Ici, tout est irréel. Tout, surtout la vie.

Mardi, je t'apporte le Perrier, le Coca zero, les compotes sans sucre, les cigarettes et des mandalas, comme tu me l'as demandé. Tu m'attends avec impatience. Tu m'offres un gâteau que tu as confectionné le matin dans l'atelier de pâtisserie. Je suis touchée par ton air enfantin qui me rappelle quand, petite, tu étais fière de m'offrir le cadeau de la fête des Mères.

Tout d'un coup, tu changes d'humeur. La conversation dérape sur le téléphone, une gourmette que tu veux récupérer, une personne que j'aurais soit-disant dénoncée aux gendarmes et sur le fait que j'ai signé l'hospitalisation pour me débarrasser de toi.

Je suis une infirmière dans une petite pièce exiguë.

— Il vaut mieux écourter la visite. Madame, il serait souhaitable de respecter les consignes données par Mme Febienca, votre présence réactive les troubles d'Amandine.

Je reçois un coup de poignard.

— Je suis désolée mais je n'avais pas compris que cette consigne à mon égard était définitive. On nous a bien permis de revenir après la toute première recommandation ?

— Votre mari est autorisé.

Je doute de tout. La consigne était-elle claire ? Serait-il possible que je n'aie entendu que ce qui m'arrangeait ?

— Je suis vraiment désolée. Mon mari lui-même n'a pas compris que lui seul pouvait venir. Nous venons chaque jour où cela est permis, ensemble ou à tour de rôle. Nous n'avons vraiment pas compris.

Je rentre chez moi complètement anéantie.

Jeudi, tu me supplies de venir. Je te rappelle que je n'ai pas l'autorisation du docteur et que chaque fois que je viens, tu pètes les plombs. Tu m'assures que tu as demandé et que tu as eu un accord. L'infirmière me le confirme.

Je sonne, je me présente et je demande à nouveau la confirmation de pouvoir entrer afin de ne pas revivre la même humiliation.

Tu m'attends, tu m'embrasses, tu me serres fort dans tes bras. Je t'accompagne dans le petit patio fumer une cigarette. C'est un petit jardin où traînent une ou deux chaises, des cendriers. Il n'y a rien d'attrayant. Tu me fixes, je reste silencieuse et tu pars dans tes délires, tes exigences, tes reproches.

La soignante du mardi accourt, me dévisage. Tu es reconduite dans ta chambre.

— Madame, ce n'est pas encore assez clair ? Vos visites sont interdites ! me lance-t-elle d'un ton ferme.

— Écoutez, accordez vos violons. J'ai demandé par téléphone et avant de franchir la porte. Votre collègue me dit l'inverse ? C'est affligeant.

Elle tourne les talons et entre dans le bureau vitré. Elle fait des gestes, pointe le tableau blanc où une quantité d'annotations en couleurs s'entremêlent. Elle me rejoint. Elle réplique sereinement mais ne s'excuse pas.

— Ma collègue n'a pas eu l'information mais l'interdiction est toujours d'actualité.

C'est à mon tour de tourner les talons, sans rien dire, ma patience est mise à rude épreuve. Je vais la taper et me retrouver en pyjama en papier à faire le poisson rouge dans une pièce capitonnée.

Tout le monde est, en général, très agréable. Personne ne rechigne à donner des nouvelles au téléphone et autant de fois qu'on le sollicite. Une petite pièce est réservée aux échanges entre les soignants et les parents, et l'on peut tenter quelques questions.

Néanmoins, l'épisode avec le docteur Bonlier, les contradictions autour des visites, l'autorisation de sortie en permission malgré ton état... il n'en faut pas plus pour que je doute d'une prise en charge de qualité. Du moins, quelques zones d'ombre méritent d'être éclaircies.

Vendredi 28 octobre, tu es contente, tu as une autorisation de sortie pour le lendemain. Mais c'est incohérent ! Quelques heures avant, nous n'avions pas le droit de venir te voir et maintenant, tu peux venir à la maison !

Bref, avant de venir te chercher, nous devons aller à Tarbes pour vider et rendre ton appartement.

Quand nous franchissons le seuil de la porte, ce qui prédomine, c'est une odeur de renfermé. J'ouvre les volets et les fenêtres le plus grand possible pour chasser cette puanteur imprégnée dans l'atmosphère. Dans les sacs, j'entasse vêtements, cahiers et tout ce qui pourra supporter le voyage. Dans des poches poubelles, draps, couvertures, couettes, serviettes de toilette... Il faut jeter le matelas d'où suinte un jus noirâtre. Il faut jeter aussi des amas de linge qui, initialement, servaient à se vêtir mais qui agonisent collés au sol par la crasse et l'humidité.

C'est un appartement meublé. Tu as juste voulu un canapé-lit à la place du lit qui était proposé. Il restera là.

Le plus long : nettoyer cuisine et salle de bains qui n'ont jamais fait la connaissance de la serpillière.

Nous sommes arrivés aux aurores et nous finissons le ménage dans les temps, tard dans l'après-midi.

Fermer cette porte est un crève-cœur. La fin de quelques espoirs.

Quand tu arrives à la maison pour ta permission de sortie, tu fonces dans le frigo, tu ouvres les placards, tu as faim. Tu avales, tu engouffres sans mâcher du pain et du fromage, un bol de lait, des tartines de Nutella, des gâteaux, du Coca et un verre de vinaigre balsamique. Tu te remplis comme on gave un canard gras. Tu vas vomir et tu recommences. Les effets secondaires des médicaments provoquent une hyper-salivation. La bave se mélange aux aliments. Tu fais des petites fausses routes, tu tousses et les postillons s'épanchent autour de toi. Je suis muette et sans réaction. Le spectacle est pitoyable.

Quand je repense à tous ces repas où il fallait user de stratégies ou de laisser-faire pour te voir t'alimenter, je suis sidérée. De la presque anorexie, tu bascules dans la boulimie.

Tu files dans la salle de bains. Tu te pèses. Tu as pris dix kilos. Tu hurles.

Tu es recroquevillée dans un coin, nue, et tu supplies qu'on te tue.

L'image que te renvoie le miroir est d'une extrême violence. Tu as perdu tous tes repères. Tu es une étrangère dans un corps déformé. Je le constate comme toi, impuissante. Tu es physiquement méconnaissable et, en contrepartie, tu ne vas pas mieux. Je me tais et je te prends dans mes bras. Tu me repousses et tu pars en courant à l'extérieur. Tu as retrouvé un peu d'énergie et tu t'enfuis avec l'intention de te jeter sous le train. La voie ferrée est toute proche de la maison.

Ton père t'intercepte. Tu te défends de toutes les forces qui te restent. Tu casses ton nouveau téléphone. Ton père te maîtrise avec peine et tu finis par te calmer. Tu choisis quelques habits à ceinture plus large et tu demandes à regagner la clinique.

Lundi 31 octobre, j'ai rendez-vous avec le docteur Febienca. Ton père travaille. Les essais continuent pour ajuster le traitement. Elle me nomme toute une série de médicaments. Je devrai désormais me familiariser avec la grande famille des neuroleptiques.

— Docteur, en moyenne, il faut combien de temps pour voir des effets concluants ?

— Cela reste variable en fonction des personnes. Amandine est arrivée dans un état grave.

— Concrètement, qu'est-ce qu'elle a ?

— Elle a fait une crise de bouffée délirante. On peut évoquer un état psychotique aigu, une psychose schizophrénique.

C'est un coup de tonnerre dans un ciel déjà bien gris. Je comprends instantanément la gravité du diagnostic.

Je t'ai promis d'évoquer la prise de poids. Elle me toise d'un air stupéfait.

— On se moque qu'elle prenne vingt kilos, la boulimie, les vomissements… La priorité, aujourd'hui, c'est sa santé.

— Les permissions sont compliquées. Elle, elle ne s'en moque pas, des effets secondaires. Je peux la comprendre, c'est dégradant. Que dire pour la rassurer ?

— Ce qui compte, c'est de stabiliser son état, qui reste préoccupant. Le reste viendra ensuite. Des ateliers sport et nutrition sont proposés au sein de l'établissement. Par contre, elle a besoin de prendre l'air dans la mesure de vos capacités à l'assumer.

— C'est difficile, elle parle de mourir. Il faut la surveiller comme le lait sur le feu !

— Ce n'est pas une obligation.

— C'est culpabilisant si on lui refuse de sortir et cela ne va pas arranger nos relations !

Le docteur Febienca hoche la tête. À son air, je devine qu'elle ne peut rien ajouter de plus.

— Vous pensez qu'elle va rester longtemps à la clinique ?

— Je n'en sais absolument rien aujourd'hui. Certains restent un mois, d'autres six mois ou plus. D'autres ressortent et reviennent trois jours plus tard.

Assise dans la voiture sur ce parking aux places exiguës, la tête sur le volant, je vide mes glandes lacrymales. Tous les mots que je viens d'entendre s'entrechoquent et m'amènent à de bien tristes pensées.

Certes, un diagnostic se dessine. Cette intuition qui m'habite depuis longtemps trouve tout son sens aujourd'hui. Pour autant, la prise en charge en sera-t-elle meilleure ?

J'appelle ton père. Je lui fais grâce du jargon médical pour lui dire simplement « que tu as une pathologie très grave et que ta vie est foutue ».

Je ne peux rien ajouter d'autre, je ne vois aucune issue. Je ne peux que pleurer.

Voilà un mois que tu séjournes dans la résidence au fond des bois quand on me fixe un rendez-vous au secrétariat. Je dois ajuster mes lunettes pour lire une minuscule annotation sur ton contrat de mutuelle : « Prise en charge en psychiatrie : 14 jours ».

Interrogative, je fixe la comptable, je secoue les mains et la tête, seule réponse à ce constat. Elle me fixe le reste à charge. Si tu restes plusieurs mois, comme le docteur en a émis la possibilité, je peux trouver un deuxième emploi.

Une tirade entendue ces derniers mois va me sortir de la panade. Tu es majeure. C'est bien parce que tu es majeure que je me suis retrouvée complètement démunie devant ton refus de prise en charge ? Si je refuse de payer, que va-t-il se passer ? Comment font tous ces patients ?

Je fais la connaissance de l'assistante sociale. Déjà avisée du problème, elle ne tourne pas autour du pot et m'informe qu'une demande d'AAH (Allocation adulte handicapé) est en cours auprès de la MDPH (Maison départementale des personnes handicapés).

Je fonds en larmes. Elle a du mal à retenir les siennes mais, professionnelle, elle se ressaisit.

— Madame, c'est une mesure provisoire qui pourra aider à financer des frais d'hospitalisation. Quand votre fille ira mieux, l'AAH cessera. Nous allons envoyer le dossier au plus vite car le délai pour la percevoir est d'au moins six mois.

Le mot « handicapé » est un choc pour moi. Les sigles AEEH (Allocation d'éducation de l'enfant handicapé) ou AAH me sont familiers. Je suis éducatrice dans un IME (Institut médico-éducatif).

— Je ne vous cache pas que j'ai souvent vu quelques similitudes entre les troubles du comportement de certains enfants dont j'assure les prises en charge et ceux de ma fille. Je suis intimement convaincue depuis longtemps que quelque chose dysfonctionne chez elle. Je me suis fait violence pour faire la part des choses entre le travail et la maison. Le seul mot qui faisait frontière est handicap. Les enfants dont je m'occupe sont en situation de handicap, Amandine en situation inconnue sans attribution d'un qualificatif.

Le téléphone sonne, l'assistante sociale attend un renseignement pour cocher une case dans le dossier de ma fille. C'est le docteur Febienca. J'entends sa réponse dans l'appareil : « orientation Ésat » (Établissement et service d'aide par le travail).

Je fonds à nouveau en larmes. À travers mes yeux embués, je distingue mon interlocutrice dépitée.

— Madame, ce n'est qu'une orientation provisoire pour remplir un document administratif.

— Tout est provisoire, en fait ? S'il pouvait en être de même pour la santé de ma fille !

— Seul le médecin peut répondre à cette question.

— Si elle a besoin d'une structure pour être prise en charge, vous savez comme moi qu'il y a des listes d'attente interminables ? On ne peut pas imaginer un retour à la maison et revivre les mêmes frasques. Je ne pourrai pas être parent et professionnelle dans une même journée ! Je vais y laisser ma peau !

— Nous allons vous aider à cheminer progressivement. Faites part de vos inquiétudes au docteur.

Avant que je ne traverse le parc et ses arbres bicentenaires, le volant de la voiture reste le réceptacle de mes larmes. Handicap. Je ne vois que le mot dans son sens stigmatisant. Handicap psychique.

À cet instant précis, je ne peux m'empêcher de penser qu'il y a un peu moins de cent ans, tu aurais croupi dans un asile. Aujourd'hui, on va te soigner, c'est sur cela qu'il faut que je me recentre.

Dans les jours qui suivent alternent des moments où tu tends à t'apaiser et d'autres où tu es confuse et désorientée. Je peux te rendre visite tous les jours, même si cela ne dure que quelques minutes. Tu viens aussi passer quelques heures à la maison. Ton agressivité envers moi s'estompe.

Parfois, tu t'habilles volontairement à l'envers, prêtant aux coutures contre ta peau une fonction maléfique. Tu as découpé un de tes sweat-shirts tout neuf, t'essayant à une future reconversion en stylisme. Tu pleures beaucoup.

Puis tu rencontres Jules. Tu ne t'ennuies plus. Vous êtes inséparables. Il fait des maths jour et nuit, mettant en application des formules dont lui seul détient les solutions. Il attend de déposer le brevet. Il t'initie à l'addition des chiffres et des couleurs. La somme se transforme en dividende et le diviseur s'obtient en calculant la distance entre des planètes loin d'être choisies au hasard. Tu remplis des cahiers de ses savants calculs. Tu ajoutes ta touche personnelle en faisant des illustrations.

Tu écris également tes émotions et tes ressentis.

Tu es inquiète car tu y vois mal et tu es paniquée car tu ne sais plus dessiner. Je vois bien que tu as perdu en dextérité. Il est clair que tu es loin d'être stabilisée.

Plus d'un mois que tu es hospitalisée. Mes ressources sont mes amies de toujours. Elles m'enveloppent de bienveillance sans jamais défaillir. Ne pas rompre le lien social, partager les problèmes des uns et des autres mais aussi favoriser des espaces de répit en partageant des moments conviviaux sont la recette pour garder le moral et la force d'avancer. Je ne vous le dis pas assez, mais je vous aime, les filles !

Je peux aussi compter sur des membres de la famille qui continuent d'apporter leur soutien indéfectible.

Néanmoins, quelques personnes chères disparaissent du paysage. Je suis profondément affligée. Tu n'es pourtant pas contagieuse. À l'inverse, le bonheur des autres est contagieux et nous en avons bien besoin.

Je suis d'autant plus affligée quand, derrière les mots, j'entends que tu n'es qu'une droguée et que, finalement, tu n'as que ce que tu mérites.

Le 12 novembre, avec un peu d'avance, nous allons fêter l'anniversaire de ton frère. Il revient à la maison pour cette occasion. Comme il est en troisième année en formation à l'IFSI, le jargon médical et le traitement ne lui sont pas inconnus.

Tu veux absolument être présente et, à la fois, tu es angoissée. Tu n'arrives pas à rester en place. Tu souffres d'akathisie (cela se manifeste par une sensation de tension et d'agitation intérieure et par un besoin irrépressible de bouger dont peuvent être atteints les patients traités par des antipsychotiques).

Tu es tellement mal que ton père te raccompagne avant le dessert. Tu regrettes de ne pas pouvoir profiter plus de la présence de ton frère mais chaque regard ou chaque parole est une agression. Les effets secondaires des médicaments l'emportent pour le moment sur le bénéfice.

Je rédige une lettre à Lila Rose avec beaucoup d'attention en essayant de trouver les mots justes pour lui expliquer la gravité de la situation. Mais je l'assure aussi et surtout que nous serons à tes côtés pour t'accompagner dans cette épreuve. Espérant avoir une réponse, je tente une question concernant tes antécédents médicaux et éventuellement ceux de la famille élargie. Savoir s'il y a une certaine hérédité sera une indication mais ne changera en rien ta prise en charge.

Je cherche sur Internet une quelconque association qui nous informerait un peu mieux sur les troubles psychiques.

Nous franchissons la porte de l'Unafam (Union nationale de familles et amis de personnes malades et/ou handicapées psychiques). Raymonde, une bénévole, nous reçoit. Nous trouvons une oreille attentive, compatissante, puisqu'elle est confrontée à la même histoire. Nous glanons des renseignements qu'il faudra digérer.

Chaque premier samedi du mois, des proches de malades se réunissent pour échanger sur leur vécu. Chacun fait part de son expérience et de son inexpérience. Un lieu aussi pour déposer, sans jugement, des faits difficilement compréhensibles par des personnes non concernées.

Tu as désormais des permissions pour le week-end complet. Tu pars en soirée retrouver des amis. Tu respectes les consignes pour sortir rapidement de la clinique. Tu n'abuses pas, tu rentres tôt, tu es très vite fatiguée et gênée par une multitude d'effets secondaires.

Le docteur Febienca nous convoque. Je demande à ton père d'être présent et d'être lui-même sans tromper les apparences.

— Amandine sera sortante autour de Noël. Un suivi à domicile pourra se poursuivre durant deux mois (une hospitalisation à domicile). Un infirmier passera tous les jours lui donner son traitement et suivre son évolution. Toutes les semaines, un psychiatre se déplacera également et une assistante sociale pourra être sollicitée.

— Je vous avoue que je suis soulagée par la proposition de cette prise en charge. Amandine pourra-t-elle la refuser ?

— Je lui ai expliqué que sa sortie dépend de sa motivation à suivre un traitement si elle ne veut pas revenir dans la semaine. Elle est dans de bonnes dispositions.

— Que va-t-elle faire dans la journée ? Que peut-on lui proposer ?

— L'équipe l'aide à construire un projet. La clinique Lappaix propose des ateliers thérapeutiques. C'est une bonne solution.

— Il faut qu'elle soit volontaire et qu'elle s'y rende par ses propres moyens ?

— Tout à fait. Elle prend un vélo, ça lui fera du bien, ce n'est pas très loin.

— Six kilomètres tout de même, avec des côtes, sur une route dangereuse sans piste cyclable. Et puis, il faut acheter un vélo. Ce n'est pas une activité qu'elle pratiquait. Et quand je vois comment elle marche, je suis dubitative quant à ses capacités à pédaler.

— L'effort lui fera du bien.

— Elle parle de passer le code, pensez-vous ensuite qu'elle peut passer le permis avec tous les médicaments qu'elle prend ?

— Elle réagit bien au traitement maintenant, je vais lui baisser les doses progressivement. Le code, pas de souci. Pour le permis, ça ne sera pas pour tout de suite.

— Sauf qu'elle fait une fixette depuis toujours de boucler l'affaire en huit jours.

Le docteur Febienca rit. Pas moi !

Tout respire Noël, les sapins à tous les coins de rue, les lumières qui scintillent à travers les fenêtres des maisons.

J'arpente les galeries marchandes pour les traditionnelles emplettes. Je suspends ma respiration devant le chalet du père Noël où de jeunes enfants posent avec le vieil homme au manteau rouge pour la photo souvenir.

Je te revois avec ton frère quelques années plus tôt au temps joyeux de l'enfance.

Je t'entends me dire, lorsque tu avais cinq ans, « que le père Noël n'existe pas et que c'est un monsieur déguisé qui distribue les cadeaux ». Ton frère, lui, veut nous envoyer en prison, « car c'est pitoyable de mentir aux enfants et de faire croire à cette histoire de rennes et traîneaux volants ».

Tu es contente d'avoir une permission de trois jours et de pouvoir retrouver tes grands-parents. Le traitement a un effet bénéfique sur ton humeur car, pour la première fois depuis longtemps, tu apprécies tes cadeaux, tu es calme et agréable.

Dès le 27 décembre, tu regagnes la clinique sans protester car tu dis t'y sentir protégée.

20

2017

Tu as perdu tes repères et tu ne sais plus sur quels amis tu peux compter. Bon nombre n'ont plus donné de leurs nouvelles. Tu as cassé plusieurs téléphones et tes contacts non sauvegardés se sont évanouis.

Tu acceptes, résignée, de fêter le Nouvel An avec nous au restaurant. Tu es exténuée, des cernes bleus dessinent un coquard autour de tes yeux noirs assombris. Plusieurs fois dans la soirée, tu vas te coucher dans la voiture pour récupérer. Tu es l'avatar d'une vieillarde sans âge dépourvue de force pour opposer la moindre résistance. J'ai le cœur brisé.

Quelques jours plus tard, je charge les trois valises d'affaires que tu as accumulées depuis trois mois. Tu salues ou tu serres dans tes bras des femmes, des hommes, des jeunes ou des plus âgés. La barrière des générations n'existe pas. Vous êtes unis par les liens de la souffrance psychique. Ce monde vous appartient, vous en avez tous les mêmes codes, sans filtre. De l'amour à la haine, il n'y a pas de demi-teinte. Vous vous tutoyez tous, vous avez la même allure, vous êtes tous des clones formatés par des antipsychotiques, des antidépresseurs… Tu vas quitter cette maison des fantômes où, certes, rien n'est parfait mais où, toutefois, tu étais contenue.

Tu fermes la portière en jetant un regard à ceux qui, restés sur le perron, agitent frénétiquement les bras.

Je remonte la longue allée dans les bois qui nous amène à la route départementale qui, plusieurs kilomètres plus loin, aboutira à la petite rue de notre résidence.

Je dois me réveiller ici et maintenant. Je dois chasser mes peurs et les témoignages des parents qui vivotent entre leurs rêves entre parenthèses et la vie parallèle de leur progéniture. Je ne veux pas imaginer ce qui arrive à ceux qui dévissent, qui n'arrivent pas à s'accrocher aux parois de cette montagne de douleur.

J'ai hérité d'un nouveau grade en découvrant un nouveau mot. Je suis aidant (personne qui veille sur une personne malade, handicapée ou dépendante, qui s'occupe du proche en difficulté, le soutient, l'accompagne, l'assiste dans la vie quotidienne).

Je dois chercher et trouver comment assumer au mieux ce rôle sans perdre l'espoir, la patience, sans me perdre.

21

Après la demeure des ombres

Tu retrouves la maison, ta chambre et le personnel d'une HAD (hospitalisation à domicile) se relaie chaque jour pour te distribuer le traitement et t'inciter à une future autonomie.

Ils s'entretiennent avec toi de longs moments pour te rassurer et mesurer ton degré de récupération. Ils m'accordent un temps d'échange lorsque je suis présente et recueillent mes inquiétudes et mes questionnements. Le médecin se déplace également. C'est une précieuse bouée de sauvetage.

Tu pleures beaucoup, tu pestes contre l'injustice de la vie. Quand tu en as l'énergie, tu dessines ou tu termines les esquisses que tu as commencées à la clinique. Ta vision, qui reste floue, contrarie la précision de ton geste. Tu n'es pas satisfaite du résultat et si tu forces la concentration, tu te fatigues.

Tu rédiges un cahier d'écriture et tu le noircis de tes ressentis et de tes états d'âme. Les lignes s'entrecroisent mais tu persévères.

Tu me proposes la lecture de tes textes, je suis heureuse de la confiance que tu m'accordes. Tu m'expliques les passages abstraits avec patience et un brin de délires. D'autres sont plus concrets et témoignent de ta souffrance. Je mène les échanges sur la pointe des pieds. Je t'encourage à poursuivre ce moyen d'expression, à la fois source de complicité et thérapeutique.

Un matin, je trouve sur la table la feuille « des droits et informations de la personne admise en soins psychiatriques sans consentement », au dos de laquelle tu as lâché ton stylo. Hasard ou volonté ?

Maman,
Je t'écris pour te dire merci d'avoir tenu aussi longtemps. Tu as bravé les routes, les collines, les tempêtes de neige, le blizzard. Tout ce qui a pu nous ravager.
Je t'aime, je te fuis, je ne t'aime plus, je te suis.
J'espère que tous les tourments que nous avons traversés seront un jour derrière nous. Mes pétages de câbles, ton incompréhension.
Tu ne comprends ni mes craintes ni mes peurs. Ma rage vient aussi de la crainte de l'inconnu, la peur de devoir un jour me débrouiller sans toi quand tu partiras.
Je te demande de l'attention mais en réponse tu nourris mes craintes et ma peur.
Je t'aime profondément mais tu gâches tout. J'y suis pour quelque chose, je le reconnais, avec ma prise d'alcool et de coke.
Je suis désolée et je t'en prie, pardonne-moi. Je vais bien me soigner. Je t'aime énormément, je suis

sur la bonne voie pour changer, crois-moi. Je t'en prie, attends-moi.
Je raviverai le tas de cendres. Je te le jure. Tout ira bien.
Réponds-moi, je t'en prie.
J'ai mis tout mon cœur dans cette lettre, prends-la en considération.
Amandine

Je t'assure que tu as toute ma confiance. Mon amour sera sans faille, tu ne dois pas t'inquiéter. Cette lettre est le point de départ d'un échange qu'il ne faut pas laisser déraper. J'oriente la conversation sur la notion d'amour et les promesses d'efforts qui méritent d'être applaudies.

Régulièrement, tu me laisses de la lecture. Une lueur éclaire à nouveau et à ce moment-là ton regard ténébreux. Je sélectionne quelques textes et nous discutons. Ton analyse est pertinente mais parfois très délirante. Je m'attarde sur les textes que je peux exploiter. Ceux dédiés à tes amours passées resteront ton jardin secret. Tu mets de côté ceux que je préfère, un recueil dédicacé.

Si, physiquement, tu te sens moche, laide, hideuse, regarde la lumière qui s'installe en toi, qui te rend belle et qui te donne confiance en toi. Regarde les gens beaux de l'intérieur !

La vie
Naître n'est pas un choix mais être ce que l'on devient en est un.
Donner la vie, c'est égoïste, donc en quelque sorte être égoïste, c'est aimer.

Je suis le fruit défendu d'Adam et Eve. Suis-je le cadeau de Dieu ou la punition ?
Je suis devenue le fruit du démon. Je suis le fruit de l'égoïsme pur puisque je n'ai pas été voulue ni désirée. Ils ont cédé aux fruits du péché et m'ont fait adopter pour avoir une meilleure vie ou bien soulager la leur. Prétexte ou vérité, ils ont été égoïstes, sans penser aux conséquences.

Papa, maman,
Je ne suis peut-être rien dans ce monde, mais je sais que je suis la magnifique perle d'huître de ceux qui prennent soin de moi. Je suis leur trésor. C'est eux qui me font briller et qui me permettent d'exister.
Amandine

Aucun jour ne se ressemble. Tu es optimiste, prête à battre en brèche tous les obstacles, puis tu t'effondres, ne voyant que la mort comme issue.

J'informe les professionnels de santé que les tensions entre nous récidivent car je ne réponds pas favorablement à tes aspirations. Un mois de suivi, la moitié du temps imparti, et les tout petits progrès fléchissent. Ils sont attentifs à mes remarques mais finissent par dédramatiser les faits. L'évolution est lente et fluctuante mais suit un cheminement normal.

J'appréhende de me retrouver seule pour te gérer dans un mois. Cet état n'échappe pas aux soignants qui me rappellent en douceur que le stress est contagieux et que, pour toi, il peut être un déclencheur de crises.

Tu te résous à faire du sport et je t'inscris dans une salle proche de la maison. Néanmoins, il faut que tu prennes le bus. Tu paniques car l'arrêt est à deux cents mètres qu'il faudra parcourir à pied et je te propose de faire les allers-retours en sortant du travail.

Le 26 février, nous fêtons fébrilement ton 23e anniversaire. Tu es catastrophée. Tu devrais, pleine de vie, arpenter le monde et t'enrichir d'expériences multiples et tu ne peux pas finir une journée sans dormir toutes les trois heures. Tu as pris plus de dix kilos, tu es très constipée, tu as la vision floue, la bouche sèche, des tremblements. Tu n'as envie de rien, tu vois tout en noir. Il t'a été prescrit toute une série d'antipsychotiques jusqu'aux plus puissants comme l'Haldol. Les doses diminuent petit à petit mais les effets secondaires, très incommodants, sont violents.

L'hospitalisation à domicile s'interrompt le 6 mars. La psychiatre oriente le diagnostic vers une éventuelle « pharmaco-psychose ». En suivant scrupuleusement le traitement durant deux ans sans prise de drogue et s'il n'y a pas de récidive d'hallucinations ou de délires, la récupération peut évoluer vers un retour à la normale.

Nous avons bénéficié de la totalité possible du suivi. Quand je regarde s'éloigner l'infirmière lors de la dernière visite, un sentiment profond de solitude s'empare de moi.

Des dossiers sont en suspens, comme la demande de logement social. Une assistante sociale est passée te voir et t'a laissé les démarches à effectuer pour t'inscrire sur la longue liste d'attente. C'est carrément invraisemblable. Tu es incapable de remplir quelque papier que ce soit et son rôle s'arrête à peine un peu plus loin que la boîte aux lettres. À mon appel, elle répond que cela n'est plus de son ressort, qu'elle passe le relais à une collègue de la MDS de secteur (Maison des solidarités) qui ne donne pas plus suite. Chacun des protagonistes a semé une petite graine mais personne ne l'arrose. Personne ne fait le lien, personne n'est garant de la suite.

Certains de tes amis reprennent contact avec toi. L'extérieur te paraît moins hostile et tu sors de plus en plus.

Je te sens si vulnérable et je voudrais tant te protéger contre tous les humanoïdes dangereux. Surtout les prédateurs du passé qui guettent sûrement ton retour pour t'empoisonner et faire fructifier leur business.

La peur me rend méfiante, suspicieuse.

Tu ne rentres pas tard de tes soirées mais, même à 23 heures, tu es déjà dans un état lamentable car un seul verre d'alcool ne fait pas bon ménage avec les antipsychotiques.

La journée se déroule sans surprise. Tu es seule et tu t'ennuies, tu n'as aucune motivation. Quand je rentre, je ne trouve pas les mots pour te redonner un peu d'enthousiasme. Assez rapidement, aller au sport devient un supplice car tu transpires et tes cheveux frisent.

Les cheveux redeviennent ton seul centre d'intérêt. Un intérêt très restreint. Une obsession.

La psychologue consulte à deux pas de la maison.

Tu établis une bonne relation dès les premières consultations et tu t'y rends seule à pied.

Elle me fixe un rendez-vous. Je ne me déplace plus sans mes notes. Je tiens scrupuleusement un carnet de bord où j'inscris tous tes faits et gestes, toutes tes paroles, toute mon incompréhension, toute ma colère, tous mes questionnements, tous tes traitements, toutes les réponses.

Mme Elaïa Merlon consulte dans un cabinet situé dans l'entresol d'une maison de santé. C'est une petite pièce au plafond bas, ordonnée. Les meubles sont subtilement positionnés. Une bibliothèque avec des livres dont je n'arrive pas à lire les titres s'étire sur le mur. Vient le fauteuil où elle s'installe et le grand bureau qui la sépare des patients assis sur une des deux chaises confortables qui font face. Tout au fond de la pièce, le divan marron. Ce fameux divan qui participe au décor incontournable d'une séance de psychothérapie.

J'entre dans ce lieu ouaté qui m'évoque une maison de poupées, à la fois curieux, contenant et rassurant à l'effet lénitif.

Elle souhaite recueillir le plus de renseignements possible sur ta vie, de ta naissance à aujourd'hui. Tu as donné ton accord pour qu'elle échange avec moi à condition qu'elle te relate mes dires et que tu puisses donner ton point de vue. Elle est bien sûr tenue au secret mais me tiendra au courant de l'évolution de la prise en charge dans la mesure de ce qu'elle peut me livrer.

C'est une femme au franc-parler et, rapidement, elle ne passe pas par quatre chemins pour me dire « que tu es gravement malade ». Elle réfute le diagnostic de schizophrénie ou de pharmaco-psychose et avance avec certitude celui de borderline.

Elle me fait un condensé de la pathologie et j'ai du mal à comprendre car tous les symptômes se bousculent dans ma tête. Il y a tout de même des similitudes avec la schizophrénie et j'ai un peu de mal à saisir les nuances.

Cette affection peut, d'après elle, avec un suivi régulier toutes les semaines, sur plusieurs mois, avoir une issue favorable. Elle émet un avis défavorable sur la quantité de médicaments prescrits.

Néanmoins, dans ton cas, l'addiction aux drogues et à l'alcool est une comorbidité qui complexifie la prise en charge. C'est à prendre en considération et à travailler. La drogue est bien l'arbre qui masque la forêt. Ne s'arrêter qu'à l'addiction serait nier qu'une autre grave pathologie te mine.

Elle m'explique que le suivi l'engage sur un immense travail et que l'interrompre avant un résultat concluant serait pour elle du temps perdu. Elle m'explique aussi que ce temps a un coût : 55 euros par semaine. La guérison de ma fille n'a pas de prix.

Lors de la consultation suivante avec le docteur Febienca, tu es assez agitée. Elle me reçoit juste après toi. Je lui fais part des propos reçus dans le cabinet feutré.

Elle se met à rire, un peu jaune, et clame :

— Si les psychologues servaient à quelque chose, cela se saurait !

— Pardon, mais c'est l'équipe du service HAD qui a proposé ce suivi comme incontournable !

— Ne pas prendre de traitement, ne pas prendre de traitement, n'importe quoi !

— Vous ne pouvez pas échanger ensemble pour savoir ce qui la motive ?

Elle me regarde comme si je lui avais demandé de rencontrer le yéti.

— Elle peut m'appeler si elle le souhaite, répond-elle assez sèchement.

— Que pensez-vous de son diagnostic ? Je suis perdue.

— Pfffff ! Ma petite dame, je vous le répète : si les psychologues servaient à quelque chose, cela se saurait et on pourrait fermer la clinique.

— Je vous avoue que je ne sais plus trop quoi penser.

— Vous êtes très angoissée et fatiguée. Passez le relais à votre mari. Faites-lui confiance. D'ailleurs, je pense que ce serait mieux si c'est lui qui l'accompagne lors de la prochaine consultation. Amandine me décrit vos rapports tendus qui la mettent à mal. Prendre de la distance me paraît une option à considérer.

— Comment prendre de la distance ?

— Amandine veut un appartement. Pour tenir le coup. Aidez-la à prendre son indépendance. Protégez-vous.

— Que deviennent les jeunes qui n'ont pas de famille pour les soutenir ? Tous les parents n'ont pas les moyens !

Elle lève sa main vers la fenêtre et elle ajoute, fataliste :

— Ils sont dans la rue. Il y a plein de SDF dans les rues de Toulouse avec le profil d'Amandine.

Je suis sidérée, sans voix. Quelle machiavélique prédiction.

Je tourne et retourne dans ma tête cette conversation. Je suis sur le banc des accusés. Je suis potentiellement responsable de ton état. Je ne suis pas ou plus capable de m'occuper de toi. La rue est une épée de Damoclès. Qu'en est-il d'un retour à la vie ordinaire ? Ce n'est peut-être pas le message qu'a voulu transmettre le docteur mais c'est ainsi que je l'ai reçu.

Penser que l'on peut être une mauvaise mère ou à l'origine des troubles et de leur aggravation est la pire sentence pour une mère. T'abandonner, pour une maman adoptive, est le comble de l'inadmissible.

Riche de cet enseignement, c'est seule ou presque que j'avance empêtrée dans les lianes de mon impuissance, mes maladresses et mon influence toxique.

Ton père tente de prendre le relais comme il est prescrit dans l'ordonnance.

Il finit toujours, devant tes frasques, par sortir fumer une cigarette en pestant et en me disant que si t'es dingue, ils n'ont qu'à te garder à l'hôpital. Sans surprise, nous revoilà sur le terrain de la dispute.

Je te vois avachie sur le canapé toute la journée, refusant toute activité, sauf aller à la rencontre, certains soirs, de tes potes. Tu subis la maladie, tu subis la vie. Nous vivons dans la maison de la cohabitation impossible. La maison sans réponse. La maison qui pleure.

Ton père t'accompagne à la consultation suivante. Vous revenez sereins, tout s'est bien passé. Je demande si vous êtes passés à la pharmacie et il me regarde d'un air surpris car vous n'avez pas d'ordonnance, tu as affirmé qu'il te reste des médicaments. Le 16 avril, jour de Pâques, approche. À défaut de faire la chasse aux œufs, il faudra faire la chasse à l'ordonnance.

Régis se rend plusieurs fois à la clinique mais la secrétaire peine à récupérer la prescription. Le docteur Febienca doit joindre le service HAD pour connaître le dernier dosage prescrit. Je vais transgresser les consignes et je l'appelle. Refouler sa colère, prendre des pincettes pour s'adresser à la gent médicale a ses limites. De toute façon, elle me considère déjà comme au bout du rouleau, alors autant lui donner raison une bonne fois pour toutes.

Je lui rappelle qu'elle a vu Amandine deux fois depuis sa sortie de l'hospitalisation à domicile et qu'elle a fait deux prescriptions. Elle l'a laissé repartir la fois précédente sans ordonnance et maintenant, elle doit joindre ce service pour faire un point ? Je ne comprends pas bien la logique. Depuis sa sortie, son état continue de se dégrader et je suis, mais elle le sait déjà, dépitée.

Je me fais, sans surprise, poliment rembarrer. L'ordonnance sera prête dès le lendemain avec une augmentation de la posologie et le passage de l'infirmière libérale deux fois par jour.

Amandine refuse. Elle n'avalera pas plus d'antipsychotiques. Il en sera ainsi.

De son côté, Elaïa Merlon m'a fixé un rendez-vous.

Concernant le travail collaboratif avec la psychiatre, ce n'est pas d'actualité. Concernant le traitement, trop lourd à son avis, elle se pliera à la décision du spécialiste et t'encouragera en ce sens.

— Il y a beaucoup de travail concernant votre fille. Elle n'a intégré aucun stade de développement.

Elaïa Merlon a un fort accent et son français compréhensible dans sa forme simple demande de l'attention quand elle explique des notions plus complexes ayant trait à la psychanalyse. J'ai quelques toutes petites notions qui, toutefois, éclairent son discours parfois amphigourique.

Elle poursuit avec le sujet qui la préoccupe sérieusement.

— Amandine dit qu'elle veut vivre seule dans un appartement.

— Elle tourne en boucle cette demande et sa psychiatre nous encourage pour y répondre favorablement.

Financièrement, elle aura l'intégralité de son AAH en janvier 2018 mais elle ne veut rien entendre. Et effectivement, nous allons y réfléchir car, à la maison, la tension devient insupportable.

Je pensais me justifier de la réponse favorable à ta demande mais le dialogue prend une tournure que j'étais loin d'imaginer.

— Madame, si vous la mettez dans un appartement aujourd'hui, demain, elle est morte. Elle ne va pas bien du tout et les risques de suicide sont très importants.

— Amandine n'a plus que ça à la bouche, elle promet de nous pourrir la vie si on ne l'aide pas à chercher un logement. Et on connaît ses ressources pour y parvenir. On peut trouver quelque chose, pas très loin, ce qui nous permettra d'avoir un œil sur elle. On ira la chercher pour continuer sa thérapie, ses soins. On ne va pas la laisser livrée à elle-même.

— Vous êtes prête à prendre le risque ?

— À la maison, elle est toute la journée toute seule. Nous travaillons. Si elle doit se suicider, elle a l'occasion de le faire. Si ce danger est imminent et si nous ne pouvons pas la surveiller H24, sa place n'est-elle pas à l'hôpital ?

— Il ne faut pas hésiter à appeler les secours au moindre doute.

Les paroles de Mme Merlon vont maintenant me hanter et ajoutent à mon angoisse une chape de plomb. Je suis écartelée entre deux discours contradictoires émanant de gens érudits en la matière. La décision que je vais prendre ou que nous allons prendre va peser sur ton avenir, peut-être, pire, sur ta vie.

Malgré tout, sa spontanéité, sa franchise et sa devise d'impliquer les aidants dans le suivi m'incitent à lui accorder toute ma confiance. Elle porte à ma connaissance que, suivant les séances, tu seras bouleversée et triste ou en colère et révoltée. C'est le cheminement nécessaire.

En effet, chaque semaine, en rentrant des séances, tu glisses sur l'arc-en-ciel des émotions.

Chaque jour, tu te dessèches dans l'antre du désarroi. Tu rebondis mollement du lit au frigo, du canapé à la terrasse où tu fumes une cigarette. Partir le soir retrouver tes amis est un effort pénible mais, sollicitée par leurs demandes pressantes, tu t'y astreins.

Ta santé se dégrade mais tu refuses une hospitalisation de quelques jours pour rééquilibrer le traitement. Tu n'acceptes pas la proposition de l'injection retard tous les mois qui résoudrait la surveillance journalière de la bonne observance et les conflits. Le docteur Febienca, embarrassée, ne peut que nous ressasser la même remarque. Tu es majeure, tu dois adhérer à son suivi.

Finalement, il est impossible d'agir avant une décompensation. Je m'insurge contre ce protocole qui défie le bon sens.

Ne serait-ce pas de la non-assistance à personne en danger ?

Un soir du mois de mai, tu es contrariée, tu hurles dans ton téléphone, tu insultes la personne. Une scène que je connais par cœur et qui, en général, ne finit pas bien. Les portes vont à nouveau claquer et les objets voler.

J'appelle la gendarmerie et je lance l'habituel SOS. Cette fois, le nouvel élément, c'est que tu viens de sortir de l'hôpital psychiatrique.

Ton père rentre du travail. Dans son regard, je lis l'impuissance et l'exaspération.

Une équipe de quatre militaires parlemente avec toi en attendant le Samu. Je donne tous les documents nécessaires et je joins les fiches où j'ai scrupuleusement écrit tous les détails de ton anamnèse. Ton père et moi prévenons qu'il est inutile de nous appeler à 4 heures du matin pour venir te chercher. Nous travaillons, tu es majeure, ils n'ont qu'à gérer.

L'ambulance s'éloigne et la lumière bleue disparaît au loin. Je suis épuisée.

La nuit sera blanche. Une infirmière appelle à 2 heures pour dire que tu es sortante. Je réponds que nous ne viendrons pas, que nous ne voulons pas être confrontés à ta colère. Le téléphone sonne et sonne, je ne décroche pas.

Vers 4 heures du matin, la porte s'ouvre avec fracas. Tu montes en menaçant de me faire la peau et tu t'enfermes dans ta chambre.

Tu avais ta carte de crédit et tu es rentrée en taxi.

Mme Merlon rapproche les consultations pour essayer d'enrayer la crise. Elle me propose la prochaine fois de l'appeler avant les secours pour qu'elle tente de t'apaiser. Tu peux, toi aussi, la joindre autant de fois que nécessaire. Elle me confie que tu lui as avoué reprendre du cannabis et elle accentue le travail dans cette direction.

Tu es stressée par un conflit avec un ou plusieurs amis. Tu dors par petits cycles tout au long de la journée et tu ne fais plus de nuits complètes. Tu ne veux plus la visite de l'infirmière libérale. Les tensions s'accentuent et, acculée, je condescends à exaucer ta prière d'aller vivre seule dans un appartement.

Les visites s'enchaînent et, sans surprise, rien ne correspond à tes désirs. Tu as, en plus de la taille, de l'exposition, de la proximité des commerces ou des bus, une obsession : le nombre de prises électriques et la puissance du jet de la douche.

Le regard ébahi des propriétaires ou des agents immobiliers ne m'afflige plus et j'ai envie de rire tant la situation est loufoque.

Deux points d'achoppement finissent de compliquer les visites. Tu te moques du prix du loyer et les propriétaires écartent ton dossier sur-le-champ car ton seul revenu sera l'AAH, même si nous, les parents, nous portons garants.

Les retours en métro offrent un spectacle pathétique. Tu soliloques et tu gigotes dans tous les sens. Je m'éloigne. Les personnes qui osent t'aborder ou qui te regardent n'oublieront jamais ta répartie.

Tous ces aléas te rendent hystérique et tout jaillit sur ton passage. Comme d'habitude, si j'essaie de t'apaiser en gardant tout mon calme, tu penses que je te prends pour une débile et « que je ne suis pas au travail avec mes gogoles ». Tu fais référence à ma profession d'éducatrice qui t'évoque autant d'admiration que de répulsion en fonction des moments.

Ce jour de juin, moins de quinze jours après le dernier appel au Samu, je suis contrainte de les rappeler car je ne peux pas te gérer. Ton père te maintient car tu tentes de fuir et tu menaces d'aller te jeter sous le train. La voie ferrée est à quelques mètres. J'appelle tout d'abord Mme Merlon mais tu refuses de lui parler. Les services du Samu sont débordés et me demandent de joindre le généraliste. Il ne peut pas se déplacer et « planter » tous les patients qui attendent. J'appelle la clinique Bonsort mais les médecins ne peuvent pas agir sans que tu ne passes par les urgences. Le docteur Febienca garde néanmoins une chambre et attend l'appel.

C'est donc la gendarmerie qui viendra une nouvelle fois à la rescousse.

Ils prennent rapidement le relais de ton père que tu as lacéré à coup de griffes et que tu as mordu jusqu'au sang. Un gendarme appelle les secours, un autre t'a allongée au sol. Tes cheveux sont éparpillés. Les larmes, la morve collent des brins d'herbe sur ton visage. Tu te débats comme une enragée et si la personne lâche la pression, tu tentes la fuite. Tous les voisins sont dehors et assistent à cette scène dramatique.

L'attente me parait interminable jusqu'à l'arrivée du Samu.

Un gendarme explique à ton père qu'il va te menotter pour te protéger. Effaré, il refuse et repart au combat pour l'aider à te maîtriser.

Il est impossible de te faire monter volontairement dans l'ambulance. Après accord d'un médecin, tu partiras attachée sur le brancard.

Ton père pleure.

Une fois les larmes séchées, il suit le convoi car nous pensons que tu ne donneras pas ton accord pour être hospitalisée et qu'il faudra signer une HDT (hospitalisation à la demande d'un tiers).

Il rentre seul en pleine nuit.

Vers midi, je décroche et, au bout du fil, une psychiatre nous convie à venir te chercher.

— Elle rentre à la maison ? Je suis surprise car le docteur Febienca m'a dit hier attendre votre appel pour la transférer à la clinique Bonsort.

— Madame, votre fille est calme et est en capacité d'expliquer les raisons de sa colère. J'ai tenu le docteur Febienca au courant. Elle a rendez-vous le 14 juin à la clinique pour faire le point sur le traitement.

— Elle ne vous a pas fait part de sa dernière hospitalisation, de son histoire, d'un présumé diagnostic ?

— Madame, à ce jour, votre fille n'est pas délirante. On n'enferme pas les gens à cause d'une problématique familiale.

— Une problématique familiale ? Vous voulez rire ? Vous trouvez que c'est banal dans un conflit familial une personne qui casse tout, qui mord son père, qui menace d'aller se jeter sous un train et qui part ligotée dans une ambulance ? La psychologue qui la suit n'entérine pas un diagnostic de psychose mais néanmoins nous alerte sur le risque de passage à l'acte suicidaire.

— Écoutez… Aujourd'hui, ce que j'observe, c'est une jeune femme consciente de sa colère envers vous sans autre signe pathologique. Elle souffre d'un problème d'abandon et chaque frustration la renvoie à ses difficultés… Avez-vous pensé à vous faire aider ?

— En fait, tout va bien pour elle et c'est moi qu'il faut enfermer peut-être ? Que préconisez-vous face à sa violence ? Qu'est-ce qu'on fait dans une heure quand, à peine rentrée à la maison, elle va tout casser ?

— Madame, il n'y a aucune raison médicale de la garder aujourd'hui. Soit vous venez la chercher, soit elle rentre par ses propres moyens !

Fin de la conversation.

Ton père ouvre la porte des urgences où tu l'attends avec impatience en marchant de long en large dans le couloir. Tu l'assailles de reproches, tu hausses le ton, ce qui amène des infirmiers à s'approcher pour éventuellement te contenir. Tu accélères le pas vers la sortie, dans une main une enveloppe avec une nouvelle ordonnance et dans l'autre un pochon avec des effets personnels dont du cannabis.

Lorsque tu montes dans la voiture, tu t'es déjà débarrassée de la prescription.

Tu m'interdis avec virulence d'aborder quelque sujet que ce soit. Tu te targues d'avoir jeté l'ordonnance et tu accuses les soignants de t'avoir volé de la drogue. Tu es en rage. Tu te rues dans la cuisine, tu ouvres le four, tu plonges une cuillère dans le gâteau au chocolat en train de cuire et tu la portes à ta bouche sans sourciller. Manifestement, tu te brûles mais tu ne bronches pas.

Je rappelle les urgences pour leur faire part de tes agissements à peine le seuil de la maison franchi.

Le médecin, fortement agacé, m'assure que tu nous provoques. Concernant l'ordonnance disparue dans une des poubelles de l'hôpital, c'est ton choix, tu es majeure. Je préfère raccrocher avant de l'insulter.

L'heure du rendez-vous ce 14 juin à la clinique Bonsort ne permet pas à ton père de se libérer pour t'y conduire. Je suis donc obligée de t'accompagner. Tu t'assieds à l'opposé de moi et tu as la mine des jours sombres. Le docteur Febienca ouvre la porte de son bureau et nous dévisage, les sourcils froncés.

— Nous n'avons pas rendez-vous !

— Nous avons un carton des urgences avec cette date et cette heure !

— Je ne suis pas au courant !

Tu t'apprêtes à partir en maugréant et la psychiatre te retient. Contrainte, elle te fait rentrer. Tu restes à peine quelques minutes, tu ressors, tu me passes devant et tu te diriges vers ton ancien service pour aller saluer des camarades encore présents.

Le docteur m'invite à m'asseoir. Elle a les traits tirés et la colère se lit clairement à travers des petites mimiques sporadiques.

— Bon, cela suffit maintenant !

Elle fait avec sa main au-dessus de sa tête deux passages en signe de ras-le-bol et continue sur un ton méprisant.

— J'ai gardé une chambre deux jours, vous croyez que c'est ainsi que je fais tourner une clinique ?

Je sens une bouffée de chaleur m'envahir et pourtant il faut que je réponde sans impétuosité.

— Je ne comprends pas très bien vos reproches. Je ne peux rien imposer à ma fille, elle est majeure. Quand elle est aux urgences, les médecins jugent qu'elle ne nécessite pas une hospitalisation. Vous n'arrivez même pas à vous mettre d'accord avec vos confrères et c'est moi qui me fais engueuler ! En attendant, c'est moi et mon mari qui avons récupéré Amandine il y a trois jours. Elle était en vrac, prête à manger de la pâte à gâteau brûlante. Et je vous passe la suite ! Vous croyez que c'est ainsi que je fais tourner une famille ? C'est quoi, ici ? Une clinique de chirurgie esthétique ou une clinique psychiatrique ?

Le médecin se radoucit.

— Effectivement, ce sont les médecins des urgences qui décident de l'HDT. Ce sont les seuls décisionnaires. Amandine vous manipule comme elle les a manipulés. Il faut être ferme avec elle.

— Que fait-on concrètement face à l'agressivité ?

— Il faut la mettre dans un appartement, la laisser se débrouiller et vous protéger.

— Mais elle ne sait pas ou ne peut rien gérer ! Et sans traitement, on court droit à la catastrophe !

— Comme d'autres ! Marginale !

— C'est ma fille, je ne peux pas entendre ces préconisations comme seules issues. On ne peut pas nous abandonner ainsi ! Sans compter que la psychologue nous dit qu'elle a des tendances suicidaires et qu'un suivi est nécessaire !

— Un suivi chez un psychologue, pffff, c'est comme pisser dans un violon !

Ces commentaires, pour moi sans équivoque, résonnent comme un renoncement de la part du médecin, une fatalité. Pourtant, même aux soins palliatifs, il me semble qu'il y a plus de considération et d'accompagnement. Je vais mendier une dernière attention.

— Ne pouvez-vous pas tenter de la convaincre de faire l'injection retard ? Au moins, nous serions tranquilles pour un mois ?

— Je l'ai évoquée. Elle n'est pas complètement contre mais demande que l'hospitalisation préliminaire ne dure pas la semaine entière ni le week-end. Je vous tiens au courant dès qu'une place se libère. Néanmoins, je ne garde pas sa place en cas de refus. C'est à prendre ou à laisser lors de l'appel !

Les visites des appartements se passent dans la douleur, réactivant chaque fois des exigences inouïes, illusoires, inaccessibles. Elles se terminent sans exception dans les cris, les pleurs et les menaces.

Le 24 juin, tu acceptes de te rendre à Bonsort pour réaliser les analyses nécessaires à la mise en place de l'injection retard. Une de nos discussions soutenues par Mme Merlon a porté ses fruits. Tu admets que tu gagneras en confort et en tranquillité.

Deux jours plus tard, à ta sortie, tu maudis la terre entière. La portière de la voiture, une fois de plus, en fait les frais.

— Menteuse ! Vous êtes tous des menteurs ! Vous voulez m'empoisonner ! Reconnais-le au moins !

— De quoi veux-tu parler ?

— Mais bien sûr, fais l'innocente ! C'est toi qui as dit à Mme Febienca que tu serais plus tranquille si je faisais l'injection pour vivre dans un appartement ?

—Je ne t'ai jamais caché qu'effectivement, je serai plus tranquille ! Quel rapport avec un empoisonnement ?

— Vas-y, fais-moi croire que tu ne sais pas ? Mais putain, si tu veux me tuer, tu n'as qu'à le faire de suite ! Tu ne réponds rien ?

— Je conduis.

Je veux éviter les disputes en voiture et l'échéance d'un choc frontal qui briserait la vie d'innocents, même si, parfois, j'imagine que ça délivrerait la nôtre.

Comment de telles idées peuvent-elles me traverser l'esprit même deux secondes, moi toujours si optimiste, moi qui, par nature, ne renonce jamais, toujours à l'affût d'un conseil, d'un partage d'expériences !

— Réponds, ou alors ahah ! J'ai vu juste. Je vois toujours juste. Vous voulez me faire passer pour folle alors que je suis juste plus intelligente. Je devais avoir une injection par mois. Résultat : c'est tous les quinze jours et des cachets en plus.

Tu ne peux pas comprendre que le protocole initialement acté a dû être réévalué avec cette posologie. Les médecins auraient dû, à mon sens, anticiper et te présenter cette éventualité. Un tel scenario émousse ta confiance envers le corps médical, réactive un sentiment de persécution et ne joue pas en faveur d'une bonne compliance.

Tu ne décolères pas et la tension monte rapidement.

Ton père, en plein marasme, ne supporte plus du tout tes divagations. Il ressasse l'éternel refrain :

— Si tu es malade, qu'ils te gardent et qu'ils te soignent.

Tu renchéris en l'insultant mais la palme de la responsabilité m'est adressée. Tu es ingérable et, moins de 24 heures après ta sortie de Bonsort, je rappelle la gendarmerie.

Tu brises tout ce qui te tombe sous la main.

Je m'entends alors dire que « je vais broyer un tube de Temesta, le mélanger à la purée du soir, on s'endort tous les trois et on cesse de pourrir la vie au monde entier. »

Ta réaction est horrifiante. Tu arrêtes d'un coup ta crise, tu me fixes et tu te précipites dans l'escalier en criant « que c'est une super idée et que tu aurais dû y penser avant ».

Mon temps de réaction est trop long et tu es déjà enfermée dans la salle de bains. Tu ressors comme une furie et tu te sauves. Je vois sur le bord du lavabo un tube et une plaquette de médicaments vides. Je crie à ton père de t'intercepter car tu as pris des comprimés mais tu as déjà disparu dans le quartier. Il part sur tes traces et les gendarmes, appelés un peu plus tôt, arrivent.

Lorsqu'ils te ramènent, le Samu est là. Tu es percluse par les effets soporifiques et tu ne manifestes aucune résistance pour monter dans l'ambulance. Tu vas dormir mais, pour moi, la nuit sera une nouvelle fois plus que blanche.

Les prémonitions de Mme Merlon prennent tout leur sens.

Sur un fond noir, des personnages tourmentés gesticulent pour se libérer de l'emprise d'une force maléfique. L'œil aguerri voit clairement la Grande Faucheuse qui s'incruste et qui, en fonction de l'éclairage, devient visible pour le novice.

Tel est le tableau familial.

Les soignants nous assurent que tu récupères, nous ne glanerons rien de plus.

Quarante-huit heures plus tard, ton père vient te chercher. Aucune information ne nous sera fournie, tu es majeure. Je ne saurai jamais si les médecins t'ont incitée à faire un suivi, une hospitalisation.

Un aquarium de carpes.

À peine deux pieds sur le paillasson et avant que je n'aie pu te dire bonsoir, tu m'envoies de plein fouet tes traditionnelles admonestations.

Tu jettes ta valise au milieu du séjour et tu réclames haut et fort un paquet de cigarettes. Tu prends des objets et tu menaces de les balancer sur la télévision. J'use de toute la patience et du sang-froid qui me reste pour, maladroitement, te calmer. J'obtiens tout le contraire.

Je ne sais plus quoi faire.

Ton père, lui, perd tout contrôle. Il te saisit par le col, t'éjecte dehors, tu dérapes, il te traîne.

Par chance, notre voisin est présent. Alerté par les cris, il saute au-dessus de la clôture. Le saut de haies, ces derniers jours, est un rituel. Il ne parvient pas à te calmer mais il sert de tampon en attendant une nouvelle fois la gendarmerie.

Comme d'habitude, les gendarmes font preuve d'empathie à notre égard et de diplomatie envers toi.

— Mademoiselle, v…

Tu coupes la parole.

— Je ne veux rien entendre des keufs, je m'en fous, vous n'avez qu'à me ramener à l'hôpital ! Ils ont compris là-bas que je vis dans une maison de tarés, qu'ils veulent me faire passer pour folle. D'ailleurs, ils ne me gardent pas, c'est bien une preuve, ça ! Tout le monde m'en veut parce que personne ne comprend ma forme d'intelligence. Mon père a voulu me frapper et si le voisin n'était pas arrivé, il l'aurait fait ! Il ne vous l'a pas dit, ça ?

Un agent jette un regard à ton père pendant qu'un autre essaie de trouver des arguments pour te calmer.

Ton père justifie son acte en déballant tout le sordide passé, les appels au secours qui restent vains, et ne cache pas qu'il est en train de sombrer. Il ajoute que quand tu es en crise, ta force est décuplée et que, malgré ta petite taille et ton poids plume, il a du mal à te contenir. L'agent acquiesce et admet la difficulté à gérer les personnes atteintes de troubles psychiques en crise. Ce n'est pas une consolation mais, au moins, il ne nous juge pas.

Il nous propose de lui faire confiance et propose d'utiliser une stratégie qui, parfois, porte ses fruits.

— Mademoiselle, si vous ne voulez pas vous plier aux règles simples que posent vos parents, vous êtes majeure et rien ne vous oblige à rester dans cette maison. Vos parents n'ont pas à supporter votre violence et les dégâts matériels. Donc, j'exige un respect immédiat de ces règles de vie. Si je dois revenir, je vous conduis à distance de ce domicile et je vous oblige à ne plus y revenir.

— Je suis complètement d'accord, dit ton père.

Tu me regardes, cherchant la désapprobation de ces propos.

— Moi aussi, je suis d'accord.

Ma voix trémule. Je ne pense pas une seconde ce que je viens d'avouer. Jamais je ne me résoudrai à cette ultime solution.

Tu t'effondres, tu pleures. Je n'avais encore jamais vu autant de souffrance se lire sur un visage. La tienne n'a pas dit son dernier mot et franchit chaque fois une nouvelle marche sur l'échelle de la douleur. Aucun médecin n'a encore mesuré cette douleur.

Tu bredouilles que tu vas te calmer et les gendarmes repartent.

Tu es inconsolable, tu es sûre que tu ne vas pas arriver à maîtriser cette furie qui t'étouffe, qui t'empêche de raisonner. Tu décris cet autre qui t'habite et qui échappe à ton contrôle.

Le mois de juin 2017 va s'achever et avec lui un anniversaire. Dix ans de galère, dix ans de bataille, dix ans d'espoir et de désespoir, et un diagnostic approximatif avec une prise en charge aléatoire. Dix ans que tu ne vas pas bien et que l'on marche au ralenti ou en faisant du surplace. Un pas en avant et un pas en arrière.

Alors, le 1er juillet 2017, je jette une bouteille à la mer. J'envoie un courrier circonstancié au président de la commission médicale de l'hôpital et à la directrice de l'ARS (Agence régionale de santé).

Je décris tous les faits qui se sont produits ces dernières années. Je nomme tous les professionnels que j'ai contactés et les réponses reçues. J'attire l'attention sur le fait que je ne porte aucune accusation car chacun se défend de suivre la logique de la prise en charge qui lui incombe. Néanmoins, j'alerte sur des faits qui m'évoquent la non-assistance à personne en danger, l'implosion d'une famille et l'éventualité d'une fin tragique. Je m'interroge sur les responsabilités individuelles, collectives ou institutionnelles.

Je range ta chambre et je trouve une feuille volante où tu laisses un message des plus inquiétants.

Je n'ai plus la force de souffrir.
Je n'ai plus la force d'avancer.
Je n'ai plus envie de réfléchir.
Je veux juste me libérer de ce poids qui s'appelle la vie.
Je vous en prie, avancez pour moi.
Je suis fatiguée, j'ai 23 ans, j'ai 100 ans.
J'ai été heureuse avec vous trois
Mais j'ai perdu la foi.
Je vous aime mais j'ai trop de haine envers ma vie.
Je veux que mon périple se finisse.
Je suis désolée mais ma naissance est un acte égoïste,
Je finirai ma vie pareil, telle une égoïste qui abandonne.

Je lâche le bout de papier, je recule et je renverse un porte-documents d'où s'échappe un morceau de feuille qui semble faire suite au premier.

Je suis une malade mentale, une folle à lier, incontrôlable.
Je suis incapable de passer le cap, faire le grand saut vers la mort.
Comment faire ? Se tailler les veines ? Trop douloureux. Prendre des cachets, déjà fait. Une balle dans la tête ? Où trouver l'arme ? Se pendre ? Trop peur de l'asphyxie.
Que ce 26 février 1994 s'arrête. La vie n'est que tristesse et souffrance. Douze ans de bonheur, onze ans de souffrance ! Même mes plus beaux souvenirs me donnent envie d'en finir.
Je veux que l'on me tue.
Amandine

Je cours déposer une photocopie de ces lettres dans la boîte aux lettres de Mme Merlon.

22

Rue Vasseur

L'immeuble est tout neuf, situé en retrait de la route principale dans un quartier toulousain qui paraît calme, à peine à cinq kilomètres de notre domicile, idéalement placé pour garder une proximité indispensable. L'agent immobilier, une jeune femme élégante, tape le code et nous entrons dans un hall sobre aux couleurs tendance. L'ascenseur nous mène au deuxième étage et nous longeons un couloir d'où se dégage une forte odeur de peinture fraîche.

Elle ouvre la porte. L'appartement de 37,5 m^2 est très lumineux. Il offre une grande pièce de vie, une petite cuisine ouverte équipée, un coin-nuit spacieux, une belle salle de bains avec des toilettes et une grande douche à l'italienne. Une terrasse bien exposée finit de déclencher le coup de cœur. Sans hésiter, tu donnes ton assentiment. Le prix est légèrement plus élevé que le plafond fixé mais cet appartement est noté A dans tous les critères : isolation, chauffage…

Il reste à convaincre l'agent immobilier de défendre ton dossier auprès du propriétaire.

Après plusieurs négociations, toute une série de renseignements complémentaires sans parler de la paperasse, ma signature et celle de ton père comme caution solidaire, tu deviens locataire.

Le petit nid est enfin prêt. Tu t'apprêtes à passer ta première nuit entre joie et anxiété.

Les discussions sont possibles, tu as enterré la hâche de guerre. Enfin, presque.

— Maman, il est trop beau, cet appartement. Je peux quand même revenir à la maison des fois ?

— Tant que tu es calme et que tu penses pouvoir me supporter, tu peux venir autant que tu veux.

Tu acquiesces en faisant la moue.

Les jours qui suivent, tu partages ton temps entre la rue Vasseur et la maison, mais dès l'arrivée de l'automne, l'embrasement des tout premiers jours faiblit. Tu as très peur d'être confrontée toute seule aux effets secondaires de l'injection. Des maux de tête violents, les yeux révulsés, impossibles à fermer, l'impossibilité d'avaler ta salive jusqu'à t'étouffer et le tout sur une durée de plusieurs heures, nécessitant l'ajout immédiat d'un médicament correcteur.

Tu t'ennuies, tes copains travaillent et ne sont pas forcément disponibles le soir pour te rendre visite. La solitude, l'inactivité te murent dans un cercle sans fin d'idées noires.

J'ai bien conscience que tu n'es pas capable de vivre seule. J'ai déplacé géographiquement ta chambre et les problèmes de cinq kilomètres.

Comme convenu, tu rentres chez toi dès que ma présence ou celle de ton père t'exaspère. J'ai l'habitude de tes crises spectaculaires. En revanche, je suis déconcertée par ta tristesse.

Je dois trouver un moyen pour t'aider à te socialiser. Tu ne veux pas faire de sport et tu ne veux plus aller au code. Tous ces projets sont mort-nés. Malheureusement, il n'y a plus aucun professionnel de l'équipe qui en était à l'origine pour faire une évaluation.

Seule la psychologue met tout en œuvre pour t'inciter à te bouger. Régulièrement, elle me fait part de l'évolution de la thérapie et du travail qu'elle mène avec toi. Tu chemines à tout petits pas.

Tu es récalcitrante à la proposition de rejoindre un GEM (Groupe d'entraide mutuelle). Ce sont des associations portées par et pour des usagers en santé mentale. Elles reposent sur les principes de pair-aidance, permettent de se retrouver, s'entraider, passer des moments conviviaux et créer des liens.

Tes projets professionnels ne sont pas réalistes et changent en fonction de la lune. Tu veux aller à la fac de psycho ou à l'armée. Tu évoques le métier de graphiste.

Sans emploi du temps et sans occupation, ton rythme de vie se désorganise rapidement. Tu passes la nuit sur les réseaux sociaux à échanger avec tous les noctambules bien ou mal intentionnés.

Tu sors le week-end si un pote vient te chercher. L'énigmatique Greg est un pilier dans le flou de tes connaissances qui vont et viennent. Tu le décris comme un ami précieux, tu n'as pas de sentiment amoureux pour lui.

Sa présence inconditionnelle malgré la façon dont tu lui parles témoigne d'un caractère extrêmement compatissant.

À la fin d'octobre, tu es heureuse de venir passer quelques jours chez tes grands-parents et tu leur manifestes de l'attention et de l'affection.

Nous faisons des balades sur la plage. Nous longeons l'océan les pieds dans l'eau car le temps est clément, voire chaud pour la saison. Tu me parles de tes craintes, de tes incertitudes concernant ce mal qui te ronge. Tu émets l'hypothèse d'une erreur de diagnostic et l'éventualité que personne ne décèle ton pouvoir de pressentir les événements et d'analyser de façon « hyper lucide » l'environnement et le comportement des gens.

Tu me fais part de réflexions personnelles, de lectures, de poésies que tu notes pour les échanger avec ceux qui veulent bien t'accorder une oreille curieuse et qui sont ouverts au débat. Je te remercie de ta confiance et de ta volonté de m'inclure dans la boucle. Je savoure chaque moment de complicité que je sais fragile et éphémère. Pour autant, je redoute de ne pas savoir quoi répondre car, parfois, je ne comprends pas tes écrits et l'avouer déclenche la foudre. Je te parle donc de préférence pour éliminer en douceur les textes complexes.

Ce jour, c'est au mot folie que tu veux associer un sens.

Quels sont les sages et quels sont les fous, dans cette vie où la raison devrait s'appeler sottise et la folie s'appeler génie.

Je suis attentive à tes arguments et je mesure mes réponses pour laisser à cet échange un brin de connivence.

Revenues de ces quelques jours de répit, tu regagnes ton appartement et moi la maison. Un appel téléphonique de ta tante nous renvoie quelques heures plus tard chez tes grands-parents. Ta grand-mère est tombée et part à l'hôpital.

Ton grand-père, depuis quelque temps, a perdu toute autonomie et dépend des auxiliaires de vie, des infirmiers et de sa femme.

Tu rends souvent visite à ta grand-mère qui passe ses journées entre le lit, le fauteuil et la salle de kiné et se languit tout en culpabilisant d'avoir laissé son mari. Tu es inquiète pour ton grand-père car son état se dégrade. Déjà très affaibli par toutes les affres de la vieillesse et la séparation d'avec son *alter ego*, il glisse doucement vers l'éternité. Tu prends conscience que ce grand-père que tu considères comme un héros va disparaître. La mort que tu invoques pour toi comme une délivrance est, pour les autres, surtout pour ceux que tu aimes, inconcevable.

Ton grand-père disait souvent : « Je n'ai pas peur de mourir mais j'ai peur de rester mort ». Ce 22 novembre 2017, il s'endort tout doucement, emportant avec lui une partie de notre histoire.

Sa place en bout de table lors de tous les repas de famille restera vide à tout jamais. Chacun de nous, je le sais, aura, sans parfois le dire, une pensée pour lui comme pour les aïeuls qui l'ont précédé.

Tu es choquée par le décès de ton grand-père. Tu dors mal. Tu entends des messages dans de nombreuses chansons. Des messages qui n'attendaient que toi pour être délivrés. Tu te plonges dans des lectures mystiques.

Tu écris un hommage que tu liras lors de la cérémonie. Tu es, malgré ta peine, courageuse.

Tes écrits sont désormais ton moyen de communication privilégié. Tu as définitivement rangé tes crayons à papier et renoncé au dessin malgré un don inné.

Maman,
J'ai pensé au jour où tu mourrais (je sais, ce n'est pas très gai) et je voulais te dire que, malgré les crises que j'ai pu te faire, mes « pétages de câbles démesurés », je n'ai jamais cessé de t'aimer.
Je n'ai pas toujours le courage de te le dire en face, c'est plus facile de le dire à papa qu'à toi, je ne sais pas pourquoi. Je voulais te le dire avant que ce ne soit trop tard. On ne dit jamais assez aux gens qu'on les aime, donc voilà, je t'aime fort.
Tu es vraiment une femme forte que j'admire et j'aurais aimé être aussi forte que toi. Je m'en veux tellement d'avoir perdu tout ce temps à me prendre la tête et à péter des plombs pour rien, c'est du temps perdu qu'on ne pourra jamais rattraper, une partie de ma jeunesse partie en fumée.
Pendant toutes ces années, je ne t'ai pas épargnée. Pardon d'avoir gâché ce temps si précieux qui comptait tant à tes yeux.
Pardon pour toutes les larmes que tu as versées… et pour tous ces cœurs brisés… Ça prendra le temps qu'il faudra, mais je ne baisse pas les bras.
Je veux être aussi forte que toi. Avoir une aussi belle famille que toi.
Je m'en veux de tout ce que je vous ai fait subir pendant toutes ces années.
Oui, je ne savais pas parler.

Oui, crier était mon seul recours. Un appel au secours.
Je t'écris ce poème pour te dire « Je t'aime ». Ça me fait du bien de pouvoir t'écrire ces vers et ça m'évite de dire les choses de travers.
Merci de n'avoir jamais baissé les bras… et merci à papa.
Amandine

Ma fille,
Quelle belle lettre ! C'est vraiment très beau ce que tu écris. Si c'est plus facile d'écrire que de parler, continue. Moi aussi, je t'aime quoi que tu fasses, quoi qu'il se passe, quelles que soient les épreuves qui nous attendent. Sachons aussi profiter de tous les bons moments et les garder tout près dans nos cœurs pour nous réchauffer. Je t'embrasse.

Mes réponses restent concises car j'ai peur de te perdre dans un flot de mots que tu finirais par mal interpréter.

23

2018

Le premier samedi de chaque mois, je participe aux portes ouvertes de l'Unafam pour y partager mes difficultés et glaner des renseignements, des expériences de prises en charge efficaces.

Une femme blonde aux grands yeux bleus, vifs et expressifs s'assied en tenant une pochette cartonnée sous son bras. Elle s'appelle Clem et elle narre son histoire avec une facilité d'élocution que j'admire instantanément.

Sans transition, elle explique qu'elle a rencontré un médecin tout récemment installé. Il amène un regard différent sur les pathologies psychiatriques et en particulier sur la schizophrénie. Il propose une formation à destination des proches pour les aider à comprendre « la maladie » et à être plus efficient dans l'accompagnement. C'est une première session et une dizaine de participants est requise pour l'ouvrir.

Dans la foulée, je rencontre le docteur Pedroluni et je m'inscris sur ses conseils au programme ProFamille. C'est un groupe de psychoéducation à destination des familles et des proches de personnes souffrant de schizophrénie ou de troubles apparentés. Il aide à développer des habiletés relationnelles et à gérer ses émotions. Le programme de ProFamille est un programme initialement créé au Québec en 1988 par le professeur Hugues Cormier et développé par le docteur Yann Hodé en France.

Tu acceptes le suivi médical avec ce médecin si nous allons au McDo après chaque consultation.

À la veille de tes 24 ans, l'horizon se dégage, je puise de l'énergie dans ces nouveaux projets.

Ce psychiatre est différent de tous les professionnels réunis que j'ai rencontrés. Il est formé aux approches de la réhabilitation psychosociale.

La réhabilitation psychosociale se définit aujourd'hui comme un « processus qui facilite le retour d'un individu à un niveau optimal de fonctionnement autonome dans la communauté ». Elle met l'accent sur l'intégrité et les forces de l'individu plutôt que sur sa maladie ou ses déficits et handicaps. Nous sommes bien loin des promesses de SDF, de marginalisation…

Une bonne entente se crée rapidement au sein du petit groupe de huit parents.

Dès le 14 février, nous allons nous retrouver durant quatorze semaines, pour quatre heures hebdomadaires. Entre chaque séance, un travail personnel est à réaliser. Le programme se poursuit sur une deuxième année avec des séances de révision à trois mois, six mois et un an.

Tu poses de nombreuses questions par rapport à cette formation. Tu apprécies que je m'investisse pour comprendre ce qui t'anime. Tu espères que je vais comprendre comment m'adresser à toi et que je vais prendre conscience de toutes mes erreurs.

Ton père refuse de me suivre, ne se sentant pas capable d'autant de rigueur. C'est une déception car, une fois de plus, notre intervention auprès de toi sera bancale, dysharmonique.

Il plonge dans la dépression et j'assiste impuissante à cette chute. Toute mes attentions sont tournées vers toi. Son état ne t'échappe pas et te donne une raison supplémentaire de m'en vouloir. Tu me rends responsable et tu m'accuses d'être un poison pour toute la famille.

Il est urgent que je puisse m'appuyer sur l'enseignement délivré car la période d'accalmie voit déjà quelques nuages ressurgir. Tu t'es fait voler ton téléphone et, comme d'habitude, je récolte une crise monumentale suivie d'une injonction de remplacement immédiat quel que soit le prix. Néanmoins, les crises sont un peu moins violentes et tu retrouves le calme sans avoir recours aux gendarmes ou aux urgences.

Lors des premières séances de ProFamille, le syndrome de la schizophrénie ou des troubles apparentés prend tout son sens ; 1 % de la population est concerné. Si les troubles débutent généralement entre 15 et 25 ans, certaines formes (rares) apparaissent dans l'enfance ou après 50 ans.

C'est un trouble grave. L'OMS classe la schizophrénie dans le groupe des dix maladies entraînant le plus d'invalidité. Toutes les évolutions sont possibles y compris, même si elles sont rares, de bonnes évolutions.

Cependant, un chiffre me glace le sang : 10 % meurent par suicide. Mme Merlon continue de réfuter le diagnostic de schizophrénie. Néanmoins, dans tous les cas, ce risque plane quel que soit ton atteinte psychique.

La description des signes est une carte d'identité de tes troubles. Au cours de ces dernières années, tu as été confrontée à tous les symptômes.

Les symptômes dits positifs.

Ainsi dénommés parce qu'ils « s'ajoutent » aux perceptions ordinaires, ils regroupent les hallucinations auditives, olfactives, gustatives, visuelles ou cénesthésiques (c'est-à-dire une modification des sensations corporelles) ainsi que les idées délirantes (de persécution, de transmission de la pensée, de culpabilité...). Vécus comme réels, ces symptômes sont souvent très angoissants et source de souffrance considérable.

Les signes dits négatifs.

Ils s'expriment par la réduction de l'ensemble des activités. Ils peuvent ainsi se traduire par un manque d'énergie, une difficulté à mener une action, à se concentrer, à mémoriser, à suivre un film ou une conversation. Les sujets présentent une atténuation de leurs émotions (qui peut aller jusqu'à une indifférence affective) et ont du mal à avoir une vie sociale (isolement, difficulté à nouer des relations).

La désorganisation de la pensée et du comportement.

La désorganisation de la pensée a pour conséquences l'apparition d'un discours flou, parfois incompréhensible, voire incohérent, et l'utilisation de termes étranges. Extrêmement invalidante, elle peut s'accompagner de troubles de l'organisation du comportement (attitudes sans but précis).

Pour établir le diagnostic, les symptômes doivent persister durant une période de plusieurs mois. Les signes cliniques sont rarement présents de façon simultanée.

Je ne sais pas si tes troubles de l'alimentation très précoces, la rupture de la courbe de croissance et certaines pensées atypiques sont des signes cliniques, des troubles associés ou complètement autre chose.

Pour ce qui est des troubles associés, 30 % à 50 % souffrent d'alcoolisme ou de toxicomanie, ce qui aggrave l'évolution. Cette information est capitale pour moi pour expliquer à un entourage parfois incrédule que la prise de drogue n'infirme pas le diagnostic. C'est prendre un raccourci que d'affirmer que tu n'as pas de pathologie et que tu es droguée. Le dire en ces termes est d'autant plus navrant que la toxicomanie n'est pas un vice, un manque d'éducation, le trait d'un mauvais caractère mais, comme toutes les addictions, une pathologie.

La fréquence de l'alcoolisme et de la toxicomanie dans la schizophrénie s'expliquerait par le mauvais fonctionnement du cortex frontal et de l'hippocampe. En effet, dans la schizophrénie, il semble que le cortex préfrontal, l'hippocampe et l'amygdale, trois régions de substance grise du cerveau, aient tendance à moins bien fonctionner pour des raisons non encore élucidées.

Une difficulté complique la prise en charge : 60 % des personnes souffrant de schizophrénie ne se perçoivent pas malades (défaut d'*insight*). Le cerveau marche mal et n'encode pas l'information qui devrait indiquer au patient qu'il est malade.

La comorbidité associée à la schizophrénie (l'alcoolisme, la toxicomanie, les TOC, les troubles anxieux ou les troubles dépressifs) amènent parfois à oublier de diagnostiquer la schizophrénie et à ne voir que les autres troubles.

Le docteur Pedroluni n'émet pas de doute en ce qui te concerne. Schizophrénie paranoïde.

Il ne fait aucun commentaire lorsque je lui fais part de celui de Mme Merlon. Borderline.

Les rencontres avec les professionnels du CAP emploi sont houleuses. Tu es ballotée de bureau en bureau, rencontrant conseillers et psychologues dans des lieux différents, nécessitant des déplacements en transport en commun.

Tu ne comprends pas pourquoi tu dois avoir des rendez-vous avec un psychologue pour trouver du travail. Les explications orientées vers la nécessité de t'aider à construire un projet avant de faire une recherche d'emploi restent vaines.

Rapidement, tu les décris comme des incapables, avec un regard suspicieux sur ta personne. Tu ne veux plus honorer tes rendez-vous. Ces tâches trop complexes augmentent le stress. Tous les facteurs sont au vert pour déclencher une crise psychotique. Maintenant, je peux repérer les déclencheurs, mais serai-je efficace pour les endiguer ?

Dans le même temps, une de tes nouvelles connaissances a un ami prothésiste dentaire qui travaille dans un laboratoire où des postes sont à pourvoir. Le laboratoire est à deux pas de ton appartement et tu pourras t'y rendre à pied.

Tu fais ton CV, ta lettre de motivation, tu les fais parvenir et tu vas à l'entretien d'embauche.

Tu décroches une semaine à l'essai. Tu es enthousiaste, sûre que tu tiens la solution à tous tes problèmes et que tu vas pouvoir réaliser des rêves de voyages, de vie ordinaire.

Malheureusement, cette semaine à temps plein fait émerger les difficultés attentionnelles, une grande fatigue qui se traduisent par des larmes, une dévalorisation, une perte de confiance en toi, du stress.

Je te propose de faire part à ton employeur de ta notification RQTH et de solliciter un temps partiel. (La reconnaissance de la qualité de travailleur handicapé est une décision administrative qui accorde aux personnes en situation de handicap une qualité leur permettant de bénéficier d'aides spécifiques.)

Je te laisse le choix de le faire seule ou de l'appeler pour lui donner des informations. Tu gardes l'initiative.

Le directeur accepte et tu peux travailler tous les après-midi.

Cet aménagement n'est pas suffisant et je ne sais pas à qui m'adresser pour soutenir tes efforts et accompagner tes employeurs. Tu te persuades que tu n'es pas capable d'exécuter ton travail parfaitement. Pourtant, à la suite de la semaine à l'essai, tu signes le contrat de quatre mois qui t'est proposé.

À la fin d'avril, malgré ta première paye, tu es désespérée et l'angoisse se lit sur les traits tirés et déformés de ton visage. Tu n'es plus que l'ombre de toi-même. Le regard de tes collègues te dérange et tu sens peser de la moquerie. Toutes tes idées s'embrouillent et les délires se mêlent à des appréciations sûrement réalistes.

Je contacte le labo pour faire un point. La secrétaire m'assure que le patron n'a rien à te reprocher, il te guide pour te perfectionner. Toi, tu interprètes cela comme de l'inaptitude. Lors des moments de pause, tout le monde a compris que tu as des difficultés relationnelles et s'en accommode. Toi, tu te questionnes sur la teneur des attentes. Tu dois travailler ou discuter ?

En quelques mots, je soumets qu'il est important de te signifier ce que tu fais de bien pour t'encourager. La secrétaire en prend note. Je sens vraiment une écoute attentive et la volonté de tout mettre en œuvre pour que tu réussisses à t'intégrer et à travailler.

Malgré tout, tu ne peux plus mettre un pied devant l'autre, tu pleures sans discontinuer.

Le docteur Pedroluni rédige un arrêt et un courrier pour le médecin du travail que tu dois rencontrer dans les jours qui viennent. Sans surprise, tu es reconnue inapte.

Tu es soulagée de cette décision et tu reprends ton train-train chaotique.

Cette expérience me confirme que tu as besoin d'un accompagnement de proximité pour reprendre une vie sociale et que nous avons sauté des étapes.

Lors du programme ProFamille, je découvre entre autres des techniques à utiliser pour développer des habiletés de communication en tenant compte des dysfonctionnements du cerveau de la personne souffrante.

« Apprendre à faire des demandes efficaces. Apprendre à ne pas exprimer des émotions de façon excessive. Ne pas être dans la répétition des reproches. Ne pas manifester trop de sollicitude ou d'inquiétude et ne pas surprotéger la personne. Être efficace pour exprimer une insatisfaction. Renforcer positivement toutes les actions que l'on souhaite voir réaliser le plus souvent possible. Apprendre à poser des limites. Apprendre à développer des attentes réalistes, etc. »

Chacune de ces techniques demande de l'entraînement et de la répétition pour devenir des moyens de communication naturels.

Apprendre à gérer la culpabilité et l'anxiété. Développer des habiletés à repérer et gérer ses émotions. Développer des habiletés à gérer ses pensées parasites. Développer une bonne estime de soi. Développer des habiletés à savoir obtenir de l'aide efficacement. Habiletés à savoir développer un réseau d'aide et de soutien.

Tel est le cocktail sur lequel je pourrai m'appuyer à la fin du programme.

J'essaie de partager mes apprentissages avec ton père pour que l'on tente ensemble de s'adresser à toi de façon adaptée et constructive. Je n'ai en face de moi qu'une oreille dubitative et un regard traduisant une totale incompréhension.

Je suis happée par ma seule préoccupation de t'aider, par la gestion du quotidien, par la recherche de ressources, par mon travail. Je cours après la solution miracle, mon cerveau est en ébullition H24. J'oublie l'entourage même si je ne renonce pas aux sorties avec mes amies. Sorties que Régis refuse, se murant dans un repli pathologique.

Si je fais un arrêt sur image, si j'arrête ma course folle quelques minutes, il est clair que je pourrais utiliser tout ce que je viens d'apprendre à l'intention de ton père, en particulier pour l'aider à accepter une prise en charge efficiente pour lutter contre la dépression. Je n'ai pas cette énergie. Je n'ai envers lui que de la colère et pas la bienveillance qu'il mérite.

Mettre en pratique tout ce que j'ai appris me demande de l'attention, de la réflexion, de la répétition, des efforts. Je vais commettre des erreurs mais ce support est une aubaine et la rencontre avec les membres du groupe une ressource inestimable. Une nouvelle famille. La famille de l'espoir, sans nier la gravité de la pathologie et parfois les issues dramatiques même si tout est suivi à la lettre.

Concernant ton père, tu es clairvoyante et tes SMS me suppliant de l'aider en témoignent. Mes réponses t'assurant que je suis impuissante inversent ton amour inconditionnel à mon égard car, malgré toutes les frasques, il est inconditionnel, à son intention.

Le chat Miko, sur qui les années commencent à peser, ne s'alimente plus. Ton confident, ton ami le plus fidèle depuis ton enfance ne va pas bien. Le vétérinaire conseille d'abréger ses souffrances et ton père lui tiendra la patte pour le grand départ.

Tout s'est passé très vite et, dans le feu de l'action, nous avons pris les décisions sans te consulter. Certaines erreurs entraînent des rancunes qui ont la dent dure. Lorsque tu apprends la mort de Miko, qui n'est pas une surprise car il va mal depuis plusieurs semaines, tu es en larmes. Tu pleures, inconsolable.

Tu t'alimentes très mal quand tu es seule mais tu acceptes de prendre quelques plats préparés de la maison.

Tu es paniquée à l'idée de faire le ménage, surtout la vaisselle qui s'amoncelle dans l'évier. Ton appartement ressemble à un taudis et tu me demandes de l'aide.

Mais dès le début de l'automne, tu mets un terme à « nos rencontres ménage » et tu ne viens plus à la maison aussi souvent pour prendre le repas. Tu as un nouvel amoureux et tu ne veux pas que je le rencontre. Tu crains que « l'on pourrisse ta relation comme on l'a fait avec Nathan ». En revanche, tu me fais partager tous les textes que l'amour, l'espoir, la peur t'inspirent. Par écrit, il est plus simple de peser les mots et les commentaires que je te renvoie.

Occupée à ton rôle d'amoureuse à temps plein, tu ne t'ennuies plus et nos rapports sont apaisés.

24

2019

Lorsque tu reviens à la maison, je te trouve chaque fois un peu plus tendue. Tu n'es pas agressive physiquement, tu ne casses pas les objets mais tu es tracassée, triste et sur la brèche.

Je suis toujours en difficulté pour trouver une solution efficiente sans déclencher de l'agressivité. Car face à l'agressivité qui devrait aboutir à un soin, il n'y aura pas de réponse « médicale ». Aucune réponse d'ailleurs.

Mme Merlon, qui avait espacé les séances, te conseille à nouveau une visite toutes les semaines. Tu lui envoies des messages obscurs. Elle me fait part d'une régression dans ton suivi. Effectivement, tu as peut-être fait la paix avec Œdipe mais les deux années de thérapie ne seront pas suffisantes pour faire la paix avec ta vie.

Le docteur Pedroluni ajuste le traitement. Néanmoins, tu n'es pas consciente de ton état et le respect de la posologie est aléatoire.

Finalement, ta vie est un cycle prévisible. Une peinture des quatre saisons qui se répète inlassablement. Seul le réchauffement climatique n'est pas d'actualité dans ton monde. L'hiver est plus long, le soleil est toujours tamisé et les nuits sombres sans étoile s'imposent dans ce décor sans couleur.

Quand il y a des progrès, ils se mesurent à tout petits pas mais quand ton état se détériore, c'est à pas de géant.

25

L'hôpital psychiatrique en souffrance

Tu redeviens intolérante à la frustration, aux changements. Des troubles du comportement bien connus réapparaissent. Tu menaces de sauter de la voiture, tu es agressive verbalement et il est impossible d'échanger. Autant s'adresser à un mur ou se jeter dessus.

Quelques jours avant ton 25e anniversaire, tu te retrouves aux urgences de la clinique Saint-Pierre. Quand ton père t'y rejoint, il fait la connaissance de Yannick, ton dernier copain en date.

Le jeune homme a l'air pitoyable. Il est griffé à sang sur toutes les parties visibles de son corps et ses vêtements sont en lambeaux. Il lance un regard désespéré à ton père. Sans se dissimuler derrière des mensonges, il raconte votre dispute.

Votre relation est devenue jour après jour un conflit permanent qui se solde par de la violence. Il a rompu avec toi pour en finir avec une histoire qui n'a plus de sens et dont l'issue peut être dramatique. Tu ne veux rien entendre et tu le harcèles.

La veille au soir, tu t'es rendue à son domicile. Il n'a pas voulu t'ouvrir la porte. Tu as tambouriné jusqu'à menacer de l'enfoncer. Tu as crié tellement fort que tous les voisins sont sortis. Il a ouvert pour essayer de te raisonner mais le débat a viré au combat.

L'histoire se répète sans fin. Un remake plan par plan de tous tes romans d'amour.

Dans la journée, ton comportement oblige les soignants de la clinique Saint-Pierre à te transférer aux urgences psychiatriques de l'hôpital.

Un médecin nous joint pour signer une HDT. Avec la même fébrilité que la première fois, je rédige ce document. Nous sommes le 23 février 2019.

Trois jours plus tard, j'appelle le service où tu as été admise. Je souhaite prendre des nouvelles et signifier que c'est ton anniversaire.

— Madame, votre fille est sortie.

— J'ai signé une HDT !

— Je vous passe un médecin.

Un homme dont j'ai rapidement oublié le nom me répond tranquillement.

— Bonjour madame, l'hospitalisation sous contrainte n'est pas indiquée, votre fille est majeure, elle est sortie par ses propres moyens.

— C'est quand même un médecin qui nous a demandé de signer ce document !

— Certes, mais votre fille s'est calmée et ne présente pas à ce jour des indications à l'hospitalisation sous contrainte.

— Mais elle présente des indications à des soins, vous en convenez ?

— On n'enferme pas les personnes parce qu'elles se sont disputées avec leur compagnon.

— J'ai signalé les antécédents, je vous ai laissé les coordonnées de son psychiatre de ville. Le docteur Pedroluni qui répond à tous mes mails attend votre appel.

— Nous n'avons pas réussi à le joindre.

— Est-ce qu'elle a des soins pour sa blessure à l'arcade ?

— Elle doit se rendre chez le généraliste pour récupérer une ordonnance pour les soins à domicile.

— J'ai signalé que toutes les démarches pour prendre des rendez-vous sont compliquées et je vous ai donné des indications sur son degré d'autonomie. J'ai du mal à comprendre qu'elle sorte des urgences sans l'ordonnance des soins à poursuivre et surtout sans considération pour ses incapacités à se faire suivre ! Que deviendrait-elle seule, sans sa famille ?

— Ces soins n'ont pas été faits ici mais à la clinique Saint-Pierre.

— Le docteur Boutillon, son généraliste, ne les a pas faits non plus !

Inutile de poursuivre cette conversation. Autant se saluer poliment avant que la colère ne gâte mes propos, ce qui serait contre-productif et mettrait la famille dans un même panier étiqueté « Impulsivité chronique ».

Chaque service traite la partie du corps pour laquelle il est estampillé sur le panneau directionnel à l'entrée des établissements hospitaliers. Les patients sont morcelés et ne sont que des organes dissociés les uns des autres. Nous sommes loin d'une approche holistique.

Mercredi 6 mars.

Tu es depuis quelques jours, et après une nouvelle crise, dans un service fermé de psychiatrie qui jouxte les urgences. Je m'assieds sur les chaises blanches inconfortables scellées au sol, disposées ici et là et devant les bureaux des médecins. J'ai rendez-vous avec l'un deux mais j'ignore son nom.

Je suis en avance, j'ai le temps de scruter chaque défaut du carrelage, chaque menue tache sur la peinture du couloir qu'aucune décoration ne vient encombrer. Je vois passer des brancards avec des personnes parfois silencieuses, parfois excitées, escortées par des gendarmes. Quelques personnes vont et viennent et n'ont pas l'air en meilleure forme que toi.

Je t'entends dans une chambre voisine hurler à la mort. Je reconnais tes cris, tes larmes et tes sanglots. Ton désespoir me glace. J'ai l'estomac noué. J'ai froid. J'ai la chair de poule et je sens mes jambes mollir.

Je maudis la maladie, je maudis les protocoles de soins, je maudis que tu sois majeure, je maudis l'impuissance des médecins, je maudis les effets secondaires des médicaments, je maudis les suivis inexistants, je maudis mes espoirs et mes désespoirs. J'ai envie de vomir et je crains de faire un malaise vagal, ici, au milieu de nulle part.

Deux psychiatres, un homme et une femme, arrivent et m'invitent à entrer dans un bureau. Mon teint très pâle les conduit à me demander si je me sens bien. Je ne peux que tourner ma main signifiant un couci-couça. L'un d'eux, plus perspicace, t'entend t'égosiller et fait le rapprochement.

— Votre fille est isolée car elle est très agitée. Nous lui avons donné un calmant, elle a dormi et elle vient de se réveiller.

— Je suis là depuis une heure, madame, et elle criait déjà quand je suis arrivée. C'est juste à l'instant que quelqu'un vient d'aller la voir. Bon, vous vouliez me voir, je suis là.

Les deux jeunes médecins ont l'air à l'écoute, empathiques, respectueux.

Je raconte une nouvelle fois ton chemin de vie et les soins qui te sont prodigués ou l'absence de soins. Ils s'étonnent qu'aucune exploration neurologique n'ait été menée et pensent que cela permettrait d'ajuster le traitement sans passer à côté d'un autre diagnostic que la schizophrénie. Tu n'es pas consentante, une HDT est requise. Je vais donc, la mort dans l'âme mais espérant prendre pour toi cette fois la meilleure décision, rédiger mot après mot ce maudit document.

Je reviens le lendemain avec ta valise. J'ai le droit de te voir dans une minuscule salle dédiée aux visites. Tu te diriges vers moi les cheveux hirsutes, tu titubes sous l'effet massif des médicaments. Il te reste encore assez de force pour saisir le sac et me le jeter à la figure. Quatre infirmiers déboulent dans la pièce, te saisissent et tu disparais en me maudissant.

Je ne veux ni m'asseoir, ni boire un verre d'eau et encore moins discuter. Je veux rentrer chez moi et pleurer.

Mardi 12 mars.

Un psychiatre m'attend pour un entretien sur la suite de la prise en charge. Je ne vois jamais le même médecin.

L'hôpital, du moins les urgences psychiatriques, sont une boîte à blouses blanches. Ce médecin est petit, tout chétif, et ne regarde pas dans les yeux quand il parle. Son air grave n'est guère rassurant, mais le ton de sa voix calme et posé attire le respect et l'attention.

— Madame, je ne vais pas tergiverser. Nous n'avons pas trouvé de place pour Amandine. Nous l'avons gardée aux urgences au-delà du délai autorisé. Aujourd'hui, la laisser évoluer au milieu des patients qui sont admis n'est pas une bonne solution, au contraire. De plus, les urgences ne sont pas un service adapté pour l'accompagnement sur le long terme.

— Je comprends que sa place n'est pas aux urgences mais vous convenez qu'elle a besoin d'un suivi ?

— Oui, mais actuellement, les malades que nous orientons dès qu'une place se libère sont plus gravement atteints. Amandine n'est pas consentante pour un suivi, donc comme vous le savez, seuls deux établissements sont habilités à la recevoir sous contrainte.

— Avez-vous fait une demande à la clinique Bonsort ? Elle y a séjourné en 2016.

— Le service est en tension et Amandine est agitée, ce n'est pas possible.

— Le service est en tension ou ils ne veulent pas la recevoir ? Plus précisément, les parents ? J'ai fait un courrier à l'époque pour questionner des situations incompréhensibles pour moi. Je suis restée respectueuse, je n'ai fait qu'une description d'événements. Sommes-nous blacklistés ? Suis-je étiquetée « emmerdeuse notoire » ?

Il sourit timidement.

— Dans le privé, ils font ce qu'ils veulent.

— Dans le privé, ils font ce qu'ils veulent, et dans le public, ce qu'ils peuvent. Mais le résultat est le même pour ma fille. Le néant. Donc si je résume, elle est trop agitée pour aller en clinique psychiatrique privée et d'autres sont plus agités qu'elle pour aller à l'hôpital public. Conclusion : elle rentre chez elle ou elle habite seule sans soins ! Sans suivi !

Le pauvre toubib, désœuvré, regarde ses chaussures.

— Monsieur, c'est à cause de certaines situations inconcevables que j'ai fait un courrier. Si demain je réitère pour dénoncer cet état de fait, ma fille n'aura plus accès aux soins nulle part ? Suis-je condamnée au silence ?

— À l'hôpital, on est obligés de prendre tout le monde.

— Elle doit sortir quand ?

— Maintenant. Le temps de faire les papiers de sortie.

— Ah ! Je suis venue en métro, le retour va être rock and roll !

Il reste silencieux. Je lis de la gêne dans ses traits tirés. Visiblement, il n'est pas satisfait de cette issue, mais il n'a pas le choix.

— J'ai signé deux HDT en moins d'un mois ! Ma fille le ressent comme une violence, comme une volonté de ma part de vouloir la priver de sa liberté, de vouloir me débarrasser d'elle, pire : de vouloir l'achever. Il n'y aura personne tout à l'heure quand elle va m'incendier, quand il faudra reconstruire des liens, quand il faudra lui redonner confiance en moi ! Je ne signerai plus jamais rien. Après tout, quand les patients n'ont plus de parents, il doit bien y avoir une solution ?

— Nous allons lui proposer un suivi en ambulatoire dans le service au-dessus.

— Elle devra s'y rendre par ses propres moyens ? Ou elle peut bénéficier d'un VSL ?

— Par ses propres moyens.

— Elle a du mal à prendre le métro, elle se sent persécutée par les personnes dans les transports en commun. J'espère par contre qu'elle voudra poursuivre son suivi chez le docteur Pedroluni. Avez-vous pu le joindre ? Il attendait votre appel.

— Non.

— Je ne comprends pas. Personne aux urgences ne peut jamais le joindre. Autre chose, concernant le traitement : j'ai cru comprendre lors d'un des appels de ma fille qu'elle n'a pas eu la dose de Ritaline prescrite par ce psychiatre.

— Effectivement, ce médicament n'est pas indiqué dans le cas de votre fille. Je doute d'une quelconque efficacité. Je ne le lui prescrirai pas.

— Au-delà de le lui prescrire, elle ne l'a pas eu durant l'hospitalisation et en reprendra après sa prochaine consultation avec son médecin, cela m'interroge !

Il lève les bras et les redescend traduisant un « ce n'est plus mon problème ».

Tu franchis la porte des urgences, furieuse. Tu me toises de la tête aux pieds d'un air écœuré. Tu es blanche, tu as mauvaise mine. Les points de suture ont été enlevés et une cicatrice rougeâtre déchire ton sourcil.

Tu attrapes promptement les ordonnances que te tend l'infirmière. Quand je t'annonce que nous rentrons en métro, tu me déposes brutalement la valise sur les orteils en exigeant que je la porte. Tu vocifères en te dirigeant vers l'ascenseur devant le corps médical impuissant. Je te suis, tout aussi dépitée.

Les six ou sept kilomètres de transport en commun sont, comme tu peux en avoir l'habitude, une expérience désagréable. Je m'éloigne de toi pour fuir les regards peu aimables et les airs inquiets des voyageurs. Tu es l'image de ce que les gens s'imaginent de la folie.

Je me mure dans le silence, je te laisse pester, crier, insulter la terre entière jusque devant ta porte. Je me contente de faire la concierge. Je porte la valise et je ramasse tout ce qui tombe de tes poches : le foulard, le briquet, la carte de métro.

Tu es pressée de rentrer chez toi et surtout de contrôler si j'ai mis mon nez dans tes affaires pendant ton absence. J'ai dû venir chercher à ta demande des effets en prenant soin de ne rien déplacer.

Tu ne retrouves pas ton petit sac avec ton tabac, tu soupçonnes un vol à l'hôpital. Tu hurles à te casser les cordes vocales et tu commences à renverser tout ce qui est à ta portée. Je compose le numéro du service que je viens de quitter moins d'une heure avant. Je demande à la personne qui me répond de prendre connaissance de ce qui est en train de se passer en tournant le téléphone dans ta direction. Je quitte l'appartement en lui signifiant que je te laisse seule et qu'ils prennent leurs responsabilités. Demande qui reste sans suite.

Je rentre chez moi découragée, culpabilisée de t'abandonner dans cet état désastreux.

Malgré ces événements qui me minent le moral, je pars comme prévu quatre jours en thalasso avec mes belles-sœurs. Cette escapade entre filles est une bouffée d'oxygène.

S'accorder des espaces de détente, essayer de se changer les idées sont une nécessité vitale pour reprendre des forces et ne pas quitter le navire.

Le 15 mars, à 22 h 30, je suis installée confortablement dans la chambre d'hôtel, prête à sombrer dans les bras de Morphée lorsqu'un appel de Mme Merlon me ramène à la réalité. Tu l'as appelée une fois de plus en tenant un discours inquiétant et elle me conseille de prévenir les pompiers.

Ton père dort profondément depuis longtemps et je sais qu'il ne se réveillera pas. La dépression dans laquelle il continue de plonger le rend imperméable à tout ce qui peut se passer après 20 heures.

Je tente de te joindre, tu me réponds et, après une longue conversation, tu m'assures que tu vas dormir. Tu ne veux pas que j'appelle les secours, tu me dis « avoir eu un moment de passage à vide mais que cela va mieux ». Tu es calme.

Si j'appelle les secours, je crains que tu ne fasses qu'un aller-retour complètement stérile. Deux jours plus tôt, on t'a renvoyée alors que tu avais un comportement défiant l'inacceptable !

Si la psychologue faisait cet appel, peut-être aurait-elle plus d'influence que moi ! Si elle ne le fait pas, c'est que tu n'es pas si en danger que cela !

Si je prends la mauvaise décision, je me prépare des remords pour le reste de ma vie. C'est une éventualité tellement inacceptable et inimaginable qu'il est possible que je l'enfouisse dans une des cases de l'inconscient. Je vis au rythme des thèses et des antithèses, ballotée entre celles qui jugent que tu ne vas pas si mal et celles qui pensent que tu vas mourir dans l'heure.

Le 18 mars, tu as rendez-vous avec le docteur Pedroluni. Tu es impatiente car il est en retard. Tu fais les cent pas, tu rages. Un patient interloqué te cède sa place.

Je te laisse gérer la consultation, tu me promets de lui faire part de tes idées lugubres.

Je ne sais pas si, finalement, il a eu un compte-rendu du médecin des urgences. J'estime que s'il y voit une utilité essentielle à ta prise en charge, il se renseignera sans attendre un hypothétique coup de fil de sa part.

Clairement, il y a des dissensions entre ces docteurs. J'ai compris qu'un désaccord quant au choix des traitements les divise. Je n'ai pas envie d'entrer dans les débats, je n'ai pas de compétences pour juger les uns ou les autres. Je fais confiance au docteur Pedroluni.

Tu sors du cabinet, apaisée, rassurée. Tu tiens ta prescription de Ritaline comme un ticket de loto gagnant. Tu me souffles que tu étais tétanisée à l'idée que le docteur se plie à l'avis des autres et qu'il ne veuille plus te donner ce médicament.

Le rite post-consultation au McDo finit de te débarrasser de tes tensions.

Tu prends ton traitement avec attention. Je m'applique à utiliser les moyens de communication appris, ce qui diminue les réponses agressives.

Tu ne me caches pas que tu fais des rencontres sur Internet. Tu multiplies les conquêtes. Ton joli minois ne laisse personne insensible. Tu m'envoies des photos des restaurants que tu découvres, des lieux où tu passes parfois plusieurs jours. Tu es enjouée ou désenchantée, mais cette vie dissolue ne te pose aucun problème. Tu ne crains pas de faire de mauvaises rencontres. Tu vis en alternance entre l'enfer de tes pensées et le paradis imaginaire que tu espères trouver dans ces rencontres aléatoires.

Si tu me demandes des conseils, je reste prudente en me référant une nouvelle fois au programme ProFamille pour te répondre. J'évite ainsi des débats conflictuels.

Tu échanges via Facebook avec ta mère biologique. J'ignore ce qui l'anime lorsqu'elle transforme notre merveilleuse rencontre en une histoire un peu glauque. Tu lui déverses tes ressentiments à mon égard et le tout se transforme en une salade émotionnelle qui te perturbe.

Je reprends avec toi toute ton histoire au jour où nous avons décidé d'adopter, jour où notre projet d'amour s'est orienté vers un enfant venu d'une autre histoire. C'est de cette alliance que tu es véritablement née. Tu es un projet unique et pas un projet de substitution. Je t'explique de nouveau la procédure de la délégation d'autorité parentale qui ne laisse aucun doute sur le fait que Lila Rose a eu le choix de changer d'avis. J'illustre tous mes propos avec les documents officiels. Tu restes partagée entre la réalité et la version corrigée d'une femme peut-être aujourd'hui torturée.

Tu m'envoies ce texte en réponse.

Je sais que ces dernières années ont été difficiles.
Je ne me sens pas bien dans ma peau, je suis sale et perdue.
Je ne sais plus quoi penser.
J'ai vraiment envie de changer.

Est-ce que je vais crever ? Pour vous laisser en paix ? Je suis attardée, retardée, handicapée. J'ai cédé au péché. Quand est-ce que cela va se terminer ? Je ne me laisse aller que quand je suis ivre. Je voudrais être ivre de vivre.
J'ai pourtant eu de bons exemples et je prends le chemin à l'envers. Je suis Lucifer. Un ange déchu de son paradis. Je suis votre punition. Vous ne m'aimez pas. J'ai beau faire les cent pas, je ne comprends pas. Vous êtes pourtant mes exemples. Pourquoi je vous rends la vie si compliquée ?
Si je disparaissais, cela vous aiderait. C'est la meilleure chose que je puisse faire, pour stopper votre calvaire et celui de toute la terre.
J'ai tellement honte. Je suis en colère, vénère. Je ne sais plus qui et en quoi croire. J'ai perdu ma spontanéité, tout est calculé, ce qui me semble être bien se transforme en mal. Je n'ai que des mauvaises pensées. Je suis détestée, réprimée, négligée, délaissée. Je suis sûre de ne pas savoir la vérité. Tout est caché.
Je suis le serpent dans le jardin d'Éden. Je suis Satan. Je suis une égoïste.
Je crie souvent car mon cœur est blessé.
Si je crie sans motif, c'est seulement pour me protéger. De je ne sais quoi.
Amandine

Je suis persuadée qu'il faudra des mois ou des années d'accompagnement pour que tu gagnes l'autonomie nécessaire et l'estime de toi indispensable pour vivre seule.

En mai, tu refais une tentative de suicide en t'ouvrant les veines. Tu sors de l'hôpital à peine les sept points de suture effectués.

Au mois de juin, tu es souvent prise en charge par les urgences car tu as des idées suicidaires. Tu ressors rapidement. Il n'y a toujours pas de place pour toi et tu refuses les suivis en ambulatoire.

Chaque fois, je te retrouve hagarde, bouffie, à peine reconnaissable. La belle jeune femme s'est à nouveau transformée en un corps de souffrance.

J'échange avec le docteur Pedroluni, je suis consternée par ces sorties sans suite. Il est navré et consterné aussi. La prise en charge en Haute-Garonne des personnes souffrant de troubles psychiatriques est catastrophique.

D'ailleurs, devant l'hôpital psychiatrique, un piquet de grève est installé pour durer jour et nuit. Dans les articles de presse, je peux lire : « Il manque soixante infirmiers, sept psychologues, trois médecins et les lits ferment les uns après les autres. L'hôpital est lieu de grande souffrance pour les soignants et les patients… »

« Les associations défendent l'intérêt des patients et des familles, il y a des avancées mais un grand chantier à consolider. Les régions ne sont pas également pourvues. »

Tu es un dommage collatéral. Jusqu'à quel point seras-tu victime ?

Le mois de juillet 2019 comme ton humeur s'annoncent caniculaires.

Le symptôme paranoïaque s'amplifie. Tu te sens épiée, jugée, et tu entends des insultes proférées par toutes les personnes qui croisent ton chemin.

Tu penses que tu es enceinte malgré l'implant contraceptif et que tu fais un déni de grossesse. Cette crainte est récurrente dans tes délires. Les tests vendus dans le commerce ne suffisent pas à te rassurer et je demande au médecin généraliste des ordonnances pour des tests en laboratoire.

Le délire de concernement est renforcé. Tu vois à la télévision, sur les panneaux d'affiches publicitaires, sur le sol, dans les chansons… des signes qui te sont adressés et qui, à la fois, t'émerveillent et te terrifient.

Malheureusement, ton père plonge irrémédiablement dans la dépression. Les ravages sur l'apparence physique sont saisissants. Il ressemble à une poupée de chiffon qu'un lavage à trop haute température aurait délabrée. Il est mutique sauf pour s'excuser de cette situation pathétique. Il ne mange pratiquement pas, a des pertes conséquentes de mémoire, une perte d'énergie, d'élan vital…

Le médecin lui prescrit un arrêt de travail qui pourrait courir jusqu'en mai 2020 lorsque la retraite prendra le relais.

Je réussis à le convaincre d'aller consulter un psychiatre en espérant que ce dernier préconisera autre chose qu'une poche de médicaments et la retraite comme ordonnance.

Je suis incapable d'être aidante au-delà. J'ai plutôt envie de fuir cette maison de souffrances. Jeter l'éponge. Chercher un nouveau havre de paix.

Je renforce ma carapace. Cette bulle m'enveloppe désormais hermétiquement, me rendant insensible et parfois acerbe. Mon seul objectif : t'aider, toi, ma fille.

L'automne nous achemine vers la fin de l'année et tes pensées délirantes accélèrent la descente en enfer.

Tu nourris un mépris démesuré envers ma personne. Tu m'habilles de tous les adjectifs possibles que tu tailles dans le tissu de la vulgarité. Je ne suis plus à tes yeux qu'une pauvre chose stupide et avariée, incapable de donner de l'amour, un pion que tu comptes manipuler pour te servir.

Tous les gens que tu côtoies, que tu croises sont des malfaisants en puissance et tu es une éternelle victime. Tu t'épuises à vivre cet acharnement qui ne te laisse même pas de répit la nuit.

Tu te réfugies dans la lecture de la Bible et de textes d'autres religions, cherchant dans un dieu la réponse que les hommes sur terre ne t'apportent pas.

Le docteur Pedroluni comprend l'urgence de la situation mais tu refuses une hospitalisation et le recours à la contrainte sera infructueux. Il t'informe cependant que si la situation continue à se dégrader, il se déplacera à ton domicile et ne te donnera pas le choix.

C'est dans cette ambiance malsaine et oppressante que les fêtes de Noël vont se dérouler.

Depuis douze ans, Noël est la quête éperdue d'un idéal imaginaire et je dois me résoudre à un rêve révolu. C'est, pour dire la vérité, un cauchemar.

26

Le monde d'après

Sur les écrans, dans les journaux ou à la radio, les journalistes n'évoquent plus qu'un seul sujet. Une épidémie gravissime, d'origine chinoise et plus particulièrement venue du Hunan, envahit progressivement le monde. La Covid-19.

Rapidement, cette excitation planétaire t'indispose et tu prends le parti de te tourner vers les discours complotistes. Les allocutions répétées, contradictoires et incertaines de nos dirigeants ne peuvent que t'y encourager.

Tu passes beaucoup de temps à la maison, ton père étant présent. Il tente de te faire bricoler, de t'occuper. Tu es partante mais tu te décourages très vite car tes capacités motrices et surtout en motricité fine sont altérées.

C'est dans ce contexte que ton père finit de glisser. Son état se dégrade et cela ne t'échappe pas. Tu m'envoies des dizaines de messages en espérant que je sortirai de mon sac une baguette magique pour le secourir. Tu me demandes mon emploi du temps, tu doutes de ma présence au travail, m'accusant de déserter le foyer pour une tout autre occupation dépravée.

Une hospitalisation s'impose en clinique psychiatrique. C'est un écho pour toi insupportable. Je suis celle qui ne trouve comme solution que des moyens coercitifs. Je suis inhumaine, sans cœur, et seule ma mort pourrait tous vous délivrer.

Tu te rapproches de ton père, espérant un allié pour m'anéantir.

Tu viens avec moi lors de chaque visite, l'atmosphère des services de psychiatrie t'est familière, presque réconfortante. Pour moi, chaque personne que je croise, quelle que soit sa pathologie, se heurte à ma coquille, me rendant incapable d'empathie, pire, m'inspire du dégoût, me donne la nausée.

Après plus d'un mois de soins, ton père sort. Tu reprends tes petites habitudes quotidiennes, tu vas, tu viens, vivre seule est compliqué.

Tu n'es pas apaisée. Tu te jettes d'un seul coup sur les murs, tu y colles ton oreille et tu écoutes les briques te murmurer leurs vilaines pensées. Tu sanglotes, tu vois de l'hostilité jusque dans les meubles.

Le mot Covid est à bannir des conversations, c'est un concept inventé à des fins commerciales. Le moindre reportage à la télévision te fait sortir de tes gonds. Finalement, tu traverses les mesures restrictives en faisant l'autruche. Heureusement car tu es déjà captive d'une folie asservissante.

Ton père blâme le corps médical de ne pas te venir en aide, en clamant « que si tu es malade, ils n'ont qu'à te soigner ». La récidive d'une source de disputes.

Il rechute et retourne à la clinique pour un mois. Les protocoles sanitaires liés au Covid interdisent les visites.

J'essuie de nouveau tes reproches de n'être qu'un cancer, incapable d'aimer. As-tu vraiment tort ? Suis-je vraiment capable de vous aimer ? En tout cas, de vous aimer bien ? J'ai complétement verrouillé ma carapace.

Les années qui passent et tes progrès en dents de scie, la pandémie me font prendre conscience de la fragilité de la vie. Qui veillera sur toi demain ? Je ne veux pas imposer à ton frère une telle responsabilité qui sera source de conflits. La gestion de l'administratif et plus s'il le faut doit revenir à un professionnel. À la charge de ton frère de garder des relations fraternelles dégagées d'enjeux financiers.

Je vais donc entamer une demande de protection de majeur. C'est un crève-cœur car je me déleste d'une partie de la fonction d'aidant et surtout de maman. Néanmoins, tu as 26 ans et tu n'es plus une enfant. Je ne suis pas éternelle.

Je te fais part de cette décision. Je prends soin de t'expliquer que cela ne va pas changer grand-chose pour toi au quotidien. La personne prendra juste la main sur ce que j'administre actuellement et t'aidera à gérer ton budget.

Tu accuses le coup. Pour toi, c'est un nouvel abandon, une façon de t'enfoncer dans le handicap, de te stigmatiser, de vouloir t'achever.

Cette mesure est provisoire et peut se lever dès que tu gagneras en autonomie. Pour toi, c'est une privation de liberté et cela renforce ton ressentiment envers moi.

Les consultations en « visio » avec le psychiatre et préconisées par les mesures sanitaires, puis l'annonce de son départ pour les territoires d'outre-mer alimentent ton désarroi et font monter le stress.

Tu ne veux plus faire tes injections, tu ne supportes plus les effets secondaires. Tu les rends responsables de ta déchéance. Aucune discussion, même en utilisant au mieux les techniques de communication, n'est possible.

Au mois d'octobre, un deuxième confinement se profile et tu veux absolument aller voir ta grand-mère. Ton père nous accompagne.

Dès le lendemain de notre arrivée, tu te jettes sur moi, furibonde, et tu me tires les cheveux. Réaction enfouie depuis des années, une claque vole.

Tu bondis comme un loup enragé sur sa proie. Ton père est parti chercher des champignons et ta grand-mère qui ne tient en équilibre qu'accrochée à son déambulateur ne peut pas me venir en aide.

Je ne veux pas me défendre par la violence, j'utilise mes forces pour esquiver ou maintenir tes mains. Tu me griffes, tu me mords, tu me tapes. Ta force est décuplée. J'adjure ta grand-mère de ne pas rester au milieu du ring car je crains que, bousculée, elle tombe. Je la supplie d'appeler la gendarmerie.

Elle pense pouvoir te calmer sans comprendre que tu es hors de toi, incapable de gérer tes pulsions, happée par la conviction que l'heure est venue de la mise à mort.

Quand les gendarmes arrivent, j'ai réussi à m'extirper et tu me cours après autour de la table.

Ils t'embarquent illico et tu ne résistes pas.

Le brushing coiffé, décoiffé, tatouée de tes dents et de tes ongles acérés, le majeur bleui et douloureux, une vielle tendinite réactivée, rouge de confusion, j'ai l'impression d'être passée sous un rouleau compresseur.

Un chapitre supplémentaire à narrer au gendarme qui me matraque de questions. Je rajoute que tu ne prends plus ton traitement et que l'urgence est de faire valoir cela pour demander des soins.

Alors que de nombreux aidants se battent pour éviter l'hospitalisation sous contrainte de leur proche, je suis, j'ai l'impression, en perpétuelle quête de cette intervention. Je ne vois pas d'autre solution à ce jour que de t'obliger à des soins pour tenter de stabiliser tous les dysfonctionnements et te permettre d'accéder au rétablissement. (« *Le rétablissement ne fait pas référence à une guérison clinique ou à une disparition des symptômes mais à une possibilité de redonner un sens à sa vie à travers des activités et un mode de vie satisfaisant pour la personne.* »)

Lorsque je parle de soins, je ne parle pas forcément de camisole chimique complètement invalidante mais de l'accompagnement dans un cheminement progressif vers la stabilisation. Comment faire sans passer par une obligation si les autres moyens de communication ne fonctionnent pas, pour t'amener à l'adhésion ?

Le brigadier, compatissant, me conseille d'aller chez un médecin faire constater mes blessures. Le procureur pourra s'appuyer dessus lors de la demande d'hospitalisation. Un praticien doit passer à la gendarmerie t'examiner.

Je croise sur ma route, ce jour-là, un type qui a dû avoir son diplôme un jour de chance. Le dernier de la fac, celui qui a tout pompé sur son voisin ou sur Internet.

Je lui montre les lacérations sur mon corps et j'ose évoquer que les blessures psychologiques sont plus douloureuses car c'est ma fille mon adversaire.

Il pouffe de rire. Puis, gausseur, il prononce quelques mots d'une stupide banalité. C'est humiliant. Quand je lui précise que tu souffres de problèmes psychiques et que tu as besoin de soins, d'où ma visite, il se reprend en disant :

— Ah oui, là, effectivement, ce n'est pas pareil !

Je ne rétorque rien. Je ne saurai jamais ce qui n'est pas pareil, mieux ou pire. Se battre avec le proche qui a toutes ses facultés mentales ? Ou avec celui qui, stigmatisé, est forcément plus dangereux !

Je prends mon papier et je fonce vers la sortie.

Sonnerie, déclinaison d'identité, une porte, deux portes, je suis debout devant le brigadier qui, déconfit, me tend une chaise.

— Madame, je ne sais quoi vous dire, je suis vraiment désolé. Le médecin est passé, il a jugé que votre fille va bien, elle peut sortir.

Les larmes montent.

— J'ai pu joindre son psychiatre, il attend l'appel du médecin ! Il n'a pas tenu compte des antécédents médicaux ?

— Je suis désolé. Vraiment désolé.

— Et moi donc !

— Nous allons finaliser sa déposition et je vous appelle, ou plutôt son père, pour venir la chercher en fin de journée, on va la laisser récupérer.

— Pffff, nous rentrons demain à Toulouse. Trois cents kilomètres, ça va être long !

— Madame, avez-vous un moyen pour ne pas faire ce retour avec elle ?

Je le regarde, ahurie !

— D'ici, la liaison vers Toulouse en transports en commun est loin d'être aisée, vous le savez, non ? Puis, si le docteur a dit qu'elle va bien ! Elle va bien ?

Il fixe l'écran de son ordinateur. À ce moment, un collègue entre dans le bureau et dépose un document sur son bureau. Il enfonce le clou.

— Votre fille a fait sa déposition et le procureur a ordonné une convocation en novembre au tribunal de Mont-de-Marsan.

— N'importe quoi ! Vous les sortez d'où les médecins, ici ? D'une pochette surprise !

Entre un qui se moque ouvertement de moi et l'autre qui a dû passer en coup de vent jeter un œil sur ma fille sans tenir compte des infos… c'est navrant. Donc pas de soins et, dans un mois, cinq cents kilomètres à faire pour venir au tribunal ! Je l'amène comment ? Je la mets dans un taxi et je cours derrière ?

— Je reconnais que ces situations sont compliquées. Bon courage, madame.

Sur le trajet retour, personne ne bronche dans la voiture. Ton père est nerveux, il craint une récidive au cours de ces trois cents kilomètres. Mon bras et mon doigt douloureux me rappellent que tu as franchi les limites de l'acceptable. Le regard que tu me jettes en dit long sur la rancune qui bouillonne. Si tu ne reçois pas l'aide nécessaire, notre relation va devenir un enfer.

Le 30 octobre, le deuxième confinement te rend fébrile. Tu vois moins tes amis et tu as du mal à comprendre qu'ils sont dépendants des conditions drastiques d'autorisation de déplacement. Certains, cependant, bravent l'interdit et répondent favorablement à tes suppliques.

Pour occuper tes journées, tu tentes quelques promenades en solitaire mais tu te lasses vite. Tu évites ma présence. Je reçois des messages cinglants.

Tu n'es qu'une mère tyrannique, mal aimante, qui me harcèle en appelant les gendarmes, tu veux me voir agoniser… Tu es mon cancer.

Je suis ta muse, j'inspire ta haine, je suis celle qui est à l'origine de tout ce qui t'étouffe, qui te gangrène le cerveau. Je suis ton inspiration, je te dicte les mots cassants que tu projettes dans tes écrits. Tu noircis des pages aux couleurs du vide, du désespoir. Des tableaux où l'alphabet crache l'encre de la désillusion et qui appelle à ma destruction. Je suis le mauvais objet.

Il m'est impossible de garder la tête froide chaque fois que tu délires, car tout est délire. Tu personnifies les objets. Les lumières sont les spectres d'ennemis potentiels. Une seule évidence, à tes yeux : tu dois déménager.

Tous tes messages sont désormais orientés vers ce sujet. Je tourne et retourne les pages du manuel, je prends des notes, je prépare des répliques que j'apprends par cœur pour te signifier avec les formes que, pour l'instant, ce sujet n'est pas d'actualité.

27

Chronique d'un drame annoncé

Ton père et moi sommes considérés cas-contact Covid et, pour ne pas mettre en danger les amis, nous annulons le réveillon du 31 décembre 2020 à la maison. Tous les restaurants sont fermés. Le couvre-feu en vigueur, c'est devant la télé que je vais passer cette soirée.

Pour toi, c'est pire. Tu as dû, à Noël, être hospitalisée dans les Landes. Tu es loin de nous, de tes amis, dans une chambre d'hôpital psychiatrique. Les échanges sont rapides et pas vraiment cohérents. Tu passes le réveillon dans une lointaine galaxie, assise dans son trou noir.

Il faut attendre le 3 février pour qu'une place se libère et que tu sois transférée à l'hôpital Chamart. Ton psychiatre ayant quitté Toulouse, le docteur Demiquey prend le relais.

À la fin de février, tu commences à avoir des autorisations de sortie. C'est ton anniversaire, tu as 27 ans. Tu titubes sous l'effet des puissants traitements mais tu es souriante et tu es contente de nous retrouver. Tu veux aller faire les magasins. Toute l'agressivité d'antan a disparu.

C'est une journée printanière malgré la saison. J'immortalise à coup de flashs ces moments ouatés autour de la nouvelle table d'extérieur que vient de créer ton père.

Puis, bras dessus, bras dessous, nous arpentons les galeries marchandes.

— Maman, j'aimerais bien un fil avec un petit diamant !

— Cela peut faire un cadeau commun avec ta grand-mère ?

— Ah oui, bonne idée, j'aurai un souvenir…

Nous léchons les vitrines des bijouteries.

— Regarde, c'est exactement ça que je veux ! affirmes-tu sans équivoque.

Je m'attarde sur un autre modèle.

— Tu préfères celui-là, toi ?

— Oui. Le petit diamant monté sur la chaîne me paraît plus solide surtout !

— Non, c'est sûr : je veux le fil, moi !

Petit ajustage, et le diamant se niche sur ton cou. Tu l'exhibes fièrement et tu m'embrasses. Au diable les gestes barrières !

Arrêt suivant dans une boutique de fringues où j'ai repéré une jolie veste en coton.

— Maman, viens, tu vas l'essayer !

Tu m'entraînes en me tenant la main.

C'est dans la plus grande cabine du magasin que pulls, robes, pantalon, vestes s'ajustent ou pas sur nos corps. La petite veste fait fureur.

— Elle est très belle, cette veste, maman. Je l'aime beaucoup.

— Tu la veux ?

— Mais toi, tu l'as vue la première ?

— Prends-la et tu me la prêteras comme la chemise de Zara ?

— O.K. Merci maman.

Quelle joie de faire ce saut dans le temps. Je retrouve le plaisir de nos connivences. Je ne sais pas quelle potion magique ils t'ont fait avaler mais j'espère que l'effet sera durable.

Tu souffles ta vingt-septième bougie. Ton père et moi, nous t'entourons de tout notre amour.

Tu es disposée à communiquer et à raconter tes journées à l'hôpital.

— Amandine, je suis contente de voir que ce week-end, tu es calme et tranquille.

— Oui, ça va mieux.

— Comment occupes-tu tes journées ?

— J'écris. D'ailleurs, j'ai fait un poème pour mamie. Je dessine aussi son chat Minouche mais j'ai du mal. Je n'arrive vraiment pas à retrouver mon coup de crayon. Je t'ai fait une liste de matériel à acheter, tu pourras aller à Cultura ?

— Oui, O.K. Y a-t-il des activités proposées ?

— Que de la merde. Je n'y vais pas. Je préfère discuter avec les uns et les autres, aller boire un café à la cafétéria. En tout cas, ici, les infirmiers sont plus gentils qu'à Mont-de-Marsan et qu'à Bonsort, à part deux vraiment casse-couilles. Lis mon poème pour Mamie et dis-moi ce que tu en penses ?

Ma reine,
Ma joie, ma foi, je ne l'ai que lorsque je pense à toi, et ça me plaît.
Continue, s'il te plaît, d'illuminer mes sombres soirées, mes peurs glacées.
Bonne étoile ne devient pas encore une étoile filante.
J'aime le fait que tu sois présente à mes côtés.
Belle étoile, que ton éclat continue de briller de mille feux.
Le manque du goût de tes mets ne quitte jamais mes papilles. Je me rappelle aussi quand tu m'apprenais à manier les aiguilles à tricoter.
Que de bons souvenirs et mon préféré est celui de te voir sourire.
Ma reine, ta couronne scintille, pour avoir su procréer le bijou Isabelle, dur et fort comme le diamant brut.
La plus belle chance que tu aies pu me donner.
Ma reine, je me repentis de tous ces maux que je vous fais subir car, ma reine, je te dois tout.
Amandine

— C'est un très joli poème et elle sera émue. C'est bien trouvé, ton jeu de mots : « Ma reine » pour « marraine » [surnom donné à sa grand-mère]. Je suis très touchée par ce que, du coup, tu dis de moi. Ne doute jamais de notre amour.

Moi aussi, je t'aime.

Le week-end suivant, tu es un peu moins en forme, plus tracassée. Tu as cassé ton téléphone.

Tous les week-ends se suivent et se ressemblent.

Néanmoins, la sortie de Chamart semble se profiler.

Mi-avril, le docteur Demiquey nous fixe un rendez-vous en ta présence.

Dans un petit bureau, nous formons une ronde. Toi, moi, ton père, un infirmier et le médecin. Tu ne tiens pas en place. Il annonce ta sortie imminente. Je fais part de mes craintes quant à ta santé mentale.

Tu m'accuses de tous les maux de la terre. Une rengaine parfaitement maîtrisée que tu clames depuis des années quand tu ne vas pas bien.

— Regardez-la, docteur. C'est un assassin, elle a tué cinq bébés…, hurles-tu, faisant référence aux fausses couches.

Aucune réaction de la part du médecin. Aucune parole.

Tu pars en claquant la porte.

Le docteur Demiquey m'explique que tu n'as plus ta place dans ce service. Tu ne veux plus prendre l'intégralité du traitement et il ne peut pas t'obliger.

Je suis inquiète. Trois mois et demi d'hospitalisation pour pas grand-chose.

— Elle vit seule dans un appartement et elle ne gère rien. La demande de curatelle renforcée va certes l'aider pour gérer l'administratif, la gestion du budget, mais le quotidien ? La socialisation ? Le chemin est long jusqu'au « rétablissement » !

Le médecin me regarde, il ne peut rien de plus.

Je pense que mon regard en dit long sur mon amertume mais c'est lui le docteur et nombreux sont ceux qui attendent une place. Il est, peut-être, le premier impuissant devant l'ampleur du dysfonctionnement dans les services de psychiatrie. Il porte peut-être le cri du personnel soignant motivé qui se fatigue et rend sa blouse blanche.

Je dis « peut-être », car aucune émotion n'est décelable sur son visage.

Que l'hospitalisation dans ce service prenne fin, je le comprends, même si, malheureusement, c'est le seul endroit actuellement où tu es protégée. Tout à l'heure, je serai abandonnée à mon impuissance.

Les Assises nationales de la psychiatrie auront lieu à la fin de septembre 2021. « Les porte-parole des associations auront fort à faire pour faire entendre nos voix. »

« Pas de soins sans accompagnement, pas d'accompagnement sans soins ».

L'Unafam demande la mise en œuvre d'un véritable plan de santé mentale, doté de moyens financiers, porté par une agence nationale pour en finir avec les rapports successifs laissés sans suite.

Dans celui-ci, il est noté qu'il faut doubler le budget consacré à la recherche sur la santé mentale et la psychiatrie (pour le quinquennat 2022-2027). Rendre obligatoire la formation aux premiers secours en santé mentale (pour l'ensemble des services publics accueillant du public). Donner accès aux dispositifs de compensation du handicap (aux personnes en situation de handicap psychique). Développer les dispositifs de logements accompagnés (pour permettre aux personnes en situation de handicap psychique d'accéder et de se maintenir dans un logement). Ouvrir à toute personne souffrant de troubles psychiques l'accès aux dispositifs d'accompagnement vers l'emploi. Former 20 % des médecins et des infirmiers scolaires par an aux problèmes de santé mentale chez les jeunes. Organiser les équipes de Samu pour qu'elles disposent de compétences psychiatriques 24 heures sur 24. Créer une équipe mobile dans chaque secteur psychiatrique pour limiter l'hospitalisation et les ruptures de parcours. Faire de la santé mentale et de la psychiatrie une grande cause nationale.

Le docteur Demiquey se ravise et prolonge ton séjour d'une semaine. Tu n'es pas déçue, tu dis clairement que tu te sens en sécurité dans le service.

Dès le premier soir de ton retour chez toi, tes vieux démons t'habitent. Tu entends la voisine t'insulter à travers la cloison ou parler de toi aux personnes qui viennent chez elle.

Ton père passe très régulièrement chez toi. Tu ne veux plus venir à la maison. Tu redoubles d'animosité à mon égard. Tu fais de moi un animal de foire dont tu autopsies tous les faits et gestes, chaque mot prononcé hier et aujourd'hui. Tu passes tes nuits à réaliser des analyses et tes journées à me poster tes commentaires. En conclusion, « si je vis, tu meurs, et si tu vis, il faut que tu déménages. »

Après plus de huit mois d'attente, un mandataire est nommé par le juge. Un sujet de conflit récurrent qui se rajoute à la liste.

Lors de la première rencontre, je lui apporte tous les documents et renseignements utiles. C'est une jeune femme, joviale, rassurante, qui semble maîtriser son métier et à qui j'ai envie d'accorder ma confiance. Elle t'explique que la mesure de curatelle renforcée est provisoire et pédagogique. Elle va t'accompagner jusqu'au jour où tu pourras faire seule. L'ouverture du compte supervisé sera effective dans trois mois. Trois mois de plus. Pratiquement un an pour que cette mesure soit complètement opérationnelle.

Tu es sceptique et, après lui avoir dit quelques-unes de tes vérités en réponse à ses justifications, tu restes seule pour un entretien en tête en tête.

Je t'attends dans le jardin en bas du petit immeuble qui abrite les bureaux du service des tutelles de l'hôpital. Lorsque tu descends, tu me jettes à la figure des feuillets originaux à conserver, ton silence bavard me tétanise.

Un mail de ta curatrice m'informe que tout s'est bien passé hors de ma présence. Elle a l'habitude des personnes réfractaires et parfois plus en difficulté que toi. Je peux lâcher prise, elle veille sur toi. Je soupire profondément, j'ai envie d'y croire, je me sens légère, libérée d'un poids. Les altercations liées aux comptes, au courrier qui dort dans la boîte aux lettres devraient cesser

Tes messages laissent présager que le futur sera lointain.

En attendant ces horizons plus lumineux et à défaut d'avoir pu nous exiler en Laponie de l'Ouest dès ta première crise pour bénéficier de l'Open Dialogue (organisation des soins en psychiatrie pour le traitement de la première crise psychotique), je dois encore chercher des pistes non exploitées ici, dans notre région, et surtout ne pas lâcher prise. Garder la pêche !

Le 24 avril, le docteur Demiquey t'enjoint de rechercher un nouveau psychiatre pour assurer ton suivi.

Le 12 mai, l'infirmier libéral est passé faire ton injection. Tu dis aller un peu mieux. Les messages que tu me laisses ne sont pas convaincants. J'ignore encore que, te trouvant trop agitée, il ne veut plus revenir.

Tu refais l'histoire de ta naissance et tu me livres tes écrits. Je ne sais plus quoi dire, à part t'écouter patiemment.

Être la pièce rapportée.
Être le dernier recours.
La combler de mon amour.
Mon existence,
Ce n'était pas assez.
Un dernier essai...
Transformé.
Son ange apparaît.
J'me suis étouffée en croyant
À l'égalité,
Qu'il n'y avait pas de préféré.
Mon plus gros mensonge,
Nier le sien.
J'ai câblé.
J'ai cessé de l'accabler.
Je veux qu'elle trouve la paix.
Même si elle s'est trompée,
Le lien du sang ne changera...
Jamais.
Amandine

Les messages qui suivent ne sont pas les pires que j'aie reçus mais j'y lis un désespoir teinté de sombres pensées. Elles ne te quittent pas. Elles se dissimulent sournoisement, piquent par intermittence et hibernent à nouveau.

Je laisse passer les jours.

À l'entame de l'été, je t'écoute m'accabler et je lis tes messages toujours plus violents. Tu écris jour et nuit sur l'amour, la haine, la rancœur, ta vision d'un monde hostile.

Tu pleures ta liberté perdue et tu jures un combat sans trêve contre ta curatrice.

Tu te sens persécutée par toutes les personnes que tu croises. Tu ne vas même plus faire des courses à la superette située à quelques mètres de ton appartement.

Tu as cassé ton téléphone, mais tant que je reçois des appels, je suppose qu'il survit. Je ne donne donc pas de suite à cette information même si mes nerfs bouillonnent.

Tu as perdu le petit diamant offert à ton anniversaire. Inutile de te blâmer, cela ne le fera pas revenir.

Le monde te terrorise.

Tu ressasses tes reproches. Tu cherches toujours et encore un nom à donner à cette pathologie qui t'étouffe.

Tu admets que tu avais éventuellement une prédisposition à la naissance mais l'environnement nuisible dans lequel tu as grandi est responsable de ta vie foutue. Tu affines ton analyse car dans « environnement », il y a juste « maman ».

Je suis responsable de la dépression de ton père. Je n'ai aucune empathie ni envers lui, ni envers toi. Je ne fais rien pour t'aider, je ne fais rien pour l'aider. Je ne suis pas bienveillante.

Je suis responsable de l'éloignement de ton frère. Pour me fuir, il s'est éloigné de toi et je brise chaque jour un peu plus vos liens.

Je n'aime pas tes amis. Je ne trouve pas de médecin qui te soigne et, de ce fait, tu es obligée de prendre de la cocaïne pour soulager ces douleurs qui te rongent corps et âme.

En conclusion, si tu es si seule et anéantie, c'est ma faute. Seule ma mort pourrait te délivrer ou la tienne. Tu me décris des modes opératoires.

En ce tout début du mois de juillet, j'ai le moral en berne.

Je perds patience. Soit je ne te réponds pas, soit je te réponds en oubliant tous les bons conseils du programme ProFamille.

L'été ne se passera pas sans une hospitalisation ou du moins un passage aux urgences. C'est la seule issue envisageable.

Je ne sais plus quoi faire, je suis désenchantée. Je suis dans le creux de la vague et je bois la tasse.

Le samedi 3 juillet, ton père passe t'apporter les courses que tu as demandées et tes médicaments. Tu veux ton Valium, ton injection pour le mois et le correcteur des effets secondaires qui ont la dent dure.

Il ne remarque rien de particulier. Il ne peut pas se garer, tu descends sans râler. Tu es bien habillée, maquillée. Il te complimente. Tu le remercies. Tu prends tes sacs et tu disparais dans l'ascenseur.

Tu ne m'envoies pas comme à ton habitude des remarques désobligeantes sur tel ou tel article. Tu ne me remercies pas non plus, ce que tu finis toujours par faire d'habitude, malgré tout. Je ne te pose pas de question, je ne te rappelle pas que je t'aime. Je ne te rappelle pas tout court.

Je voudrais te dire que je suis pelotonnée dans ma coquille. Une carapace durcie par le temps, bien hermétique. Je fais le vide, je réfléchis à la bonne décision à prendre pour t'aider sans m'attirer un nouveau coup de tonnerre. Néanmoins, j'ai les neurones dans une machine à laver, je n'arrive à prendre aucune résolution, je suis lessivée. Je ne te dis rien.

Ce même samedi, je me rends aux portes ouvertes de l'Unafam. Je retrouve quelques habitués. Je peux, sans crainte de jugement et assurée de leur compréhension, confier mon impuissance et mon découragement. J'ai les larmes aux yeux comme il y a quatre ans, quand pour la première fois, timidement, j'ai pris place autour de la table. Je l'avoue : je suis au point 0.

Dimanche 4 juillet. Aucun appel, ce qui est rare mais qui peut se produire. Parfois, tu dors 24 heures pour tenter de récupérer des semaines sans sommeil.

Lundi 5 juillet. Je ne reçois aucun appel et il n'y a aucun mouvement sur ton compte alors que ton allocation vient d'être virée. Je suis intriguée mais pas inquiète.

Je rentre du travail, je m'affaire aux tâches quotidiennes. En toute fin d'après-midi, le téléphone fixe sonne.

— Bonjour, je suis Sébastien, un ami d'Amandine. Nous nous sommes rencontrés à l'hôpital Chamart au printemps. Hier, j'ai passé la journée avec elle et quand je l'ai quittée, je ne l'ai pas trouvée en forme. Je suis rentré chez moi pour chercher des affaires afin de passer la nuit chez elle. Mais quand je suis revenu, elle n'a pas répondu. Je sais qu'elle attendait une personne, j'ai pensé qu'elle était partie avec elle. Mais hier soir, elle n'a répondu ni à mes appels ni à mes messages. Aujourd'hui, pareil. Pas de réponse. Alors j'ai cherché votre numéro dans l'annuaire et voilà, je vous appelle. Je suis inquiet.

— Merci beaucoup. Son père y va de suite.

Tous nos appels restent sans réponse. Ton père part rue Vasseur.

— Allô, Isa, je ne peux pas entrer, elle a laissé la clef sur la porte. J'ai sonné mais rien.

— Reviens me chercher.

Nos cerveaux sont sur off. Silencieusement et rapidement, nous avalons un petit encas. Aucune idée précise ne nous traverse l'esprit. Vaguement, le pressentiment que la nuit sera longue.

Je suis sous anesthésie générale. Je suis incapable d'émettre la moindre hypothèse.

Vingt minutes plus tard, nous faisons une nouvelle fois hurler la sonnette. Rien. Une première association d'idées se dessine. Ton père a apporté tes médicaments samedi. Tu en as avalé et tu dors comme la dernière fois.

Appel aux pompiers, Samu, gendarmerie. Je téléphone comme un robot dans l'ordre qu'on me dicte. Je réponds aux questions.

En fait, « je » est un autre. Plus j'essaie de réfléchir, plus c'est le brouillard. Une sensation étrangère, inconnue, mystérieuse. L'éventualité d'un événement grave affleure dans le lointain mais se voit rejeter par une force bienveillante qui m'enveloppe, m'aspire et me maintient en lévitation.

Ton père est dans le couloir devant ta porte avec des pompiers. Je suis à l'extérieur côté balcon, les yeux rivés sur le deuxième étage avec d'autres. Le volet est pratiquement fermé et la baie vitrée légèrement ouverte.

Je les regarde évoluer. Ils initient une jeune recrue à la montée d'échelle. Ils se faufilent rapidement à l'intérieur.

Un secouriste est à mes côtés, téléphone à l'oreille. Je pose des questions mais je n'écoute pas les réponses. J'envoie un SMS à une amie sans vraiment savoir ce que je lui écris. Je ne sais plus quelle heure il est, ni depuis quand je suis plantée là. J'ai perdu la notion du temps.

Un pompier, de la terrasse, agite les bras en direction de son collègue. L'homme toujours à mes côtés lui renvoie un signe de la main.

— Madame, je m'en vais, quelqu'un va venir vous renseigner.

— Qu'est-ce qui se passe ?

— Je ne peux rien vous dire !

— Ah, O.K ! Merci pour tout.

S'il ne dit rien de plus et s'il s'en va, c'est que tu es prise en charge à l'étage.

Je contourne l'immeuble et je m'assieds sur le banc devant l'entrée. Ton père me rejoint.

— Ils m'ont demandé de descendre.

— Tu crois qu'elle a pris la boîte de Valium ?

— Je ne sais pas, répond ton père en se grattant la tête et les sourcils.

Silence.

Pourquoi tu ne pars pas à l'hôpital ? Est-ce qu'on te réanime ? Mais non, si on ne peut pas monter, c'est que tu expliques pourquoi tu ne répondais pas. Tu es en train de dire que tu ne veux pas me voir, que je te pourris la vie…

Le temps ne passe ni vite, ni lentement, il s'est tout simplement arrêté. Nous attendons.

Je pourrais rester des heures assise là, sur ce banc de pierre. Je ne ressens pas d'impatience, ni de curiosité. Je continue de planer, transie dans un état dénué de sens, un état complètement obscur.

Un pompier se dirige vers nous.

— Madame, monsieur, il n'y a plus rien à faire. Je suis désolé.

— Elle est morte ?

Il hoche la tête.

Je pleure. « Je », celui qui n'est pas moi. Toujours ce fameux nimbe protecteur.

— Qu'est-ce qui s'est passé ?

— Je ne peux rien vous dire. La gendarmerie vous contactera après le passage du médecin qui doit constater le décès. Cela risque d'être long, vous pouvez rentrer chez vous. Vous ne pourrez pas rentrer dans l'appartement, ni la voir ce soir.

Je ne sais pas ce que fait ton père ni ce qu'il dit. Il n'y a plus que du brouillard autour de moi.

Qu'est-ce qu'il faut faire ? Je ne sais pas ce qu'il faut faire. Je ne sais pas, parce que je ne réalise pas. Ce n'est pas toi, ce n'est pas moi, ce n'est pas nous.

Nous te laissons dans les mains des experts et nous regagnons la maison.

Ta tante et ton oncle qui ont été prévenus nous y retrouvent.

Nous attendons ensemble l'appel de la gendarmerie pour connaître la marche à suivre.

Mon cerveau reste vide. Je ne suis ni ici, ni maintenant, mais dans un ailleurs étranger où tous les sentiments sont en quarantaine. Je suis morcelée. Seul mon corps riposte en m'envoyant un signal très clair : des douleurs abdominales et une diarrhée aiguë.

Mardi 6 juillet, à 2 h 30, un agent nous informe que ton corps est transféré à l'institut médico-légal. Il laisse ses coordonnés, il nous rappellera pour venir chercher le permis d'inhumer. Ce vocabulaire appartient à un lexique de série télé. C'est une erreur, tout ceci ne se passe pas dans ma vie.

J'entends ton père demander ce que tu as fait.

Silence.

Je m'entends sangloter. Ton oncle veut appeler un médecin. Dormir, dormir, sortir de ce cauchemar !

Tu t'es pendue à la paroi de la douche !

Quelques heures plus tard, mon oreiller est mouillé, je ne suis pas sortie du cauchemar, puisque je n'ai pas dormi.

Que faut-il faire ? Rien. Attendre.

Mercredi 7 juillet.

Après un passage à la gendarmerie où nous répondons aux dernières questions permettant de boucler le dossier, nous récupérons le permis d'inhumer. Je marche sur du coton, je me laisse porter, les mots passent d'une oreille à l'autre.

Je n'entends rien, je ne retiens rien. « Je », celui qui n'est pas moi n'a qu'à faire. Je ne suis pas là.

Je rentre dans ton appartement, je ne sais même pas qui m'accompagne. Je continue ma course folle dans cette autre dimension. Le « je » est toujours un autre.

Une maman choisit avec amour le premier pyjama, la robe du premier anniversaire, le premier cartable ! Choisir cette tenue-là pour son enfant est une hérésie. Chaque pantalon, chaque pull, chaque chemise me renvoie à une vision de fête ou de défaite. Qu'aurais-tu voulu, toi ?

J'opte pour un pantalon noir récemment acheté, une chemise blanche que tu me disais adorer, des baskets flambant neuves et une veste fluide colorée chargée d'émotions. La veste de chez Zara, tu me la prêtais souvent et elle me raconte nos rares mais belles complicités. La paire de lunettes en guise de serre-tête, comme tu aimais les mettre.

Je prépare cette poche de vêtements comme si je partais tout à l'heure te l'amener à l'hôpital.

Tu vas revenir. Il ne faut pas tout déranger, tu ne seras pas contente.

Je ne rentre pas dans la salle de bains.

Je tends la poche des effets à un homme habillé d'un costume gris. Il parle lentement, solennellement. Lolo, la compagne de mon fils, est à mes côtés. Où sont passés les autres ? J'ai raté un épisode.

L'employé des pompes funèbres me guide dans le déroulement de la cérémonie.

Un cercueil en bois clair sera couvert d'un lit de fleurs blanches avec une touche de rose. Tes cendres seront déposées dans une urne noire et brillante en forme de pomme ornée d'un papillon bleu.

Il énumère une à une les différentes modalités, coche des cases, aligne des tarifs.

Lorsque je sors de cette boutique, ton père parle au téléphone avec un interlocuteur qu'il ne ménage pas. Je comprends qu'il s'agit du docteur Demiquey, prévenu par ta curatrice.

J'entends ton père lui répondre qu'il n'est pas procédurier.

— Attends, là ! Qu'est-ce qu'il te demande ?

— S'il y aura des poursuites !

— C'est quoi, cette question ? Dis-lui qu'il aura des explications à fournir dans un premier temps.

— Il te propose une rencontre.

— Dis-lui que c'est Amandine qu'il fallait recevoir en urgence ! C'est après l'avoir renvoyée qu'il fallait nous appeler pour avoir des nouvelles ! Moi, j'ai le temps maintenant !

Ton père le salue.

— Au revoir, monsieur. J'espère que vous aurez sur la conscience la mort d'une jeune femme de 27 ans que vous avez renvoyée sans suivi, sans mesurer la gravité de son état.

Il est le dernier maillon d'une chaîne défaillante. Tant pis pour lui, il écope.

Chaque jour jusqu'au 13 juillet, jour des obsèques, je viens poser mes yeux sur toi. Chaque jour, les mêmes questions me tarabustent.

Dans un cadre, j'ai choisi des photos de ta naissance à aujourd'hui. Chaque personne se souviendra d'un moment passé avec toi. Les bons, les moins bons… Vingt-sept ans et tant d'années de souffrance que je n'ai pas réussi à adoucir.

Mardi 13 juillet.

Nous suivons le corbillard jusqu'à l'église. « Je » n'est toujours pas moi. Seule la douloureuse et lancinante crampe à l'estomac me rappelle que je ne suis pas une ombre.

Il y a du monde devant l'église, je salue, je serre des mains, j'embrasse les proches.

Nous traversons l'allée centrale de l'église du village sur les paroles de Goldman qui chante *Puisque tu pars*. Tu adorais cette chanson et tu l'interprétais quelques jours plus tôt sur un site de karaoké. Tu la dédicaçais à ta famille biologique restée en Polynésie. Je n'ai pas réussi à joindre Lila Rose mais ainsi, elle est un peu avec nous.

Sœur Gisèle va lire l'hommage que j'ai écrit. Quelques lignes pour parler de l'enfant que tu étais, de ton adolescence torturée et de la jeune adulte épuisée que nous n'avons pas réussi à aider. L'hommage de tes dix-huit cousins, de leurs conjoints et de leurs enfants est touchant. Fabien lira un texte choisi avec soin, un texte que tu aurais aimé.

À la fin de l'*Ave Maria*, alors que l'église est plongée dans une semi-obscurité provoquée par une myriade de nuages, un chemin de lumière diffuse au sol une auréole. De ce halo émane une chaleur qui n'a échappé à aucune personne assise sur les premiers rangs et interroge jusqu'aux plus sceptiques. Sœur Gisèle dira que tu nous as envoyé un signe.

Céline Dion interprète *Vole* et nous accompagne pour la sortie.

Parmi les visages masqués car la quatrième vague de Covid menace, je distingue des expressions familières. Je suis troublée par ce déferlement de compassion.

Un voisin a filmé la cérémonie pour ta grand-mère âgée de 89 ans qui n'a pas pu venir. Tu aimais tellement ta grand-mère.

Le cortège se dirige ensuite vers le crématorium.

Zaz chante une reprise de Balavoine, *Tous les cris, les SOS*.

Tu es entourée d'une guirlande de roses rouges et blanches. Sur un cadre, des photos rappellent combien tu étais belle.

Nous écoutons l'émouvant et très bel hommage que te rend ton frère.

Ensuite, une cousine lit un de tes textes.

La normalité

Certainement, et pour sûr, ladite normalité (si elle existe) est sans aucun doute la majorité. N'omettez pas que les génies font partie de la minorité. Tous plus fous les uns que les autres.

Allez à la rencontre de personnes différentes, atypiques, cela élargira vos horizons et fera tomber quelques appréhensions. Les choses inconnues, différentes effraient, mais si aucune personne ne prend le temps nécessaire pour les connaître et apprendre leur logique ainsi que leur spécificité, comment cohabiterons-nous ? Notre différence ne sera jamais traduite et peu sont les courageux.

Le pion noir saura tirer parti de la haine et de l'hostilité qu'il a pu ressentir. J'ai appris à en tirer le meilleur. Cependant, en aucun cas, je ne deviendrai l'une de vos marionnettes que vous tentez avec un malin plaisir d'affaiblir.
Merci à ceux qui poussent la porte d'entrée dans ma vie et au revoir aux autres qui empruntent la sortie.
J'ai dû renoncer à mon paradis. Pourrai-je donc l'atteindre après toutes les péripéties que j'ai surmontées, signées par la vie.
Amandine

Viens le recueillement sur les paroles de Gianadda, *Tu as choisi de partir*.

Enfin, pour terminer, c'est le dernier hommage où chacun ira te draper d'une rose en écoutant *Dust in the Wind* (« Poussière dans le vent ») de Kansas.

Tu descends alors à tout jamais vers ce feu qui t'amènera au ciel.

Un chagrin ineffable. Une condamnation de peine à vie.

Nous nous retrouvons à la maison, cette maison qui a bercé ton enfance, cette maison qui a vu les rires et porte aussi les cicatrices des blessures répétées des dernières années, des derniers mois et des derniers jours. Cette maison où, ces derniers temps, tu ne venais plus pour éviter crises, colères et expression de la pathologie que nous étions incapables de canaliser. Cette maison qui accueille famille, amis, venus pour nous soutenir et t'accompagner vers l'éternité.

Notre voisin, venu si souvent à la rescousse lors de tes fortes crises, est venu installer les tables, les chaises et préparer le buffet du midi, aidé par mes amis.

Ce 13 juillet 2021 se terminera au cimetière du village.

En ce jour d'été automnal, le vent hurle, la pluie déferle. Improbable pour la saison. De l'autan à la grêle en passant par des rayons de soleil kabbalistiques, tout te ressemble, les éléments sont à l'unisson de ta vie.

Des pétales de rose jonchent l'urne noire parée du papillon bleu vert. Les bougies, la chanson de Damien Saez, *J'veux qu'on baise sur ma tombe*, que tu aimais et qui faisait écho à ton désarroi, puis de nouveau celle de Céline Dion, *Vole*, sont l'ultime au revoir.

Des larmes, des larmes, le cœur serré, un nœud dans l'estomac, le regard appuyé sur la fermeture de la case où je viendrai te retrouver.

Je te dis au revoir.

Tu t'es brûlé les doigts en attrapant ton étoile, elle est tombée, s'est brisée et tu as marché seule dans l'obscurité.

Amandine, 27 ans et des poussières… sans étoile.

28

Plus tard...

Je rencontre Sébastien qui nous a prévenus ce lundi 5 juillet. Il nous confirme que tu étais bien seule car tes amis, exaspérés par tes colères, avaient pris un peu de recul. Ceux qui profitaient de tes faiblesses pour s'enrichir étaient, eux, toujours fidèles.

Nous parlons longuement de ces deux derniers mois. Depuis ta sortie de l'hôpital, il avait bien du mal parfois à te reconnaître mais vous partagiez des bons moments.

Un mystère perdure concernant la disparition de ton téléphone. Nous ne l'avons pas retrouvé dans ton appartement.

Celui que tu utilisais depuis quelques jours était celui prêté par Sébastien dans lequel tu avais inséré ta carte SIM.

Je farfouille dans tes messages, je n'y trouve pas grand-chose mais je peux lire les derniers.

4 juillet 2021

Sébastien, 19 h 15 :

Je suis bien rentré.

Amandine, 19 h 17 :

O.K.

Sébastien, 21 h 01 :

J'espère que tu passes une bonne soirée ?

Amandine, 21 h 10 :

Non.

Sébastien, 21 h 16 :

J'aurais dû rester, je sais qu'en ce moment, ce n'est pas facile pour toi d'être seule.

Amandine, 21 h 16 :

Faut que j'apprenne.

Sébastien, 21 h 16 :

Je peux passer quand tu as besoin…

Amandine, 21 h 19 :

Je peux plus. C'est bon, je jette l'éponge.

Sébastien, 21 h 19 :

Avec qui ?

Amandine, 21 h 19 :

La vie.

Sébastien, 21 h 21 :

Tu vas dormir ?

Amandine, 21 h 21 :

Oui, longtemps.

Appel vocal manqué, 21 h 21.
Sébastien, 21 h 23 :

Amandine, décroche STP

Sébastien :

Appel vocal manqué toutes les dix minutes… Toutes les heures.

Ces messages me bouleversent. Tes derniers mots, ton dernier souffle, ce dimanche 4 juillet vers 21 h 30.

Sur l'acte de décès est mentionné : « décès constaté le 5 juillet 2021 dont la date n'a pu être établie ».

Moi, je sais. Je sais que tu es restée là, seule, des heures. Dans cette salle de bains.

Le 4 juillet 21 h 30 sera ton « anniverciel ».

Demain continuera de s'écrire sans toi mais je traînerai parmi les choses qui me parlent de toi et je me fraierai un chemin dans ce flot de pensées pour laisser refleurir les plus beaux souvenirs.

Demain, quand « je » sera redevenu « moi », je briserai ma carapace et je marcherai vers la résilience, la reconstruction.

Demain, réhabilitation psychosociale, case management, premier secours en santé mentale, rétablissement… la mise en place d'un véritable plan de santé mentale seront le pilier de l'espoir pour tous ceux qui souffrent et pour leurs proches.

Les fous sont ceux qui se butent à dire que la normalité existe.

Personne ne veut de nos nouvelles lorsqu'on va mal et ils s'étonnent qu'on crève sans rien dire.
Amandine

Remerciements

Je remercie mon fils Fabien d'avoir bien poussé dans ce jardin épineux.
Je remercie Paul et Alice, des grands-parents bienveillants.
Sandrine, merci d'être « Sandrou ». Tout simplement merci d'être mon amie d'hier et d'aujourd'hui sous le soleil et dans la tempête.
Pascale, merci pour les heures passées au téléphone à refaire le monde. Merci d'être depuis si longtemps cette oreille amicale et cette présence bienveillante.
Je remercie Isa, mon amie d'enfance, pour son soutien sans faille.
Je remercie Flo pour sa fleur imaginaire et son parfum aux vertus apaisantes.
Merci Gene pour ta bonne humeur qui rayonne les jours de pluie.
Merci Jean-Pierre et Marie d'avoir veillé sur Amandine lors de nos absences et pour votre présence indéfectible.
Je ne veux oublier personne mais je ne veux pas nommer tout le monde, merci aux membres de la famille, ceux qui n'ont pas fermé leur porte.
Je remercie Segun pour les sauts de haie salvateurs.
Je remercie Sophie et Christine : toujours des mots réconfortants, sans jugement.

Amandine était très fragile. Je remercie tous ces gens que je ne connais pas, ses amis (les vrais) qui lui ont apporté de l'attention et du réconfort.

Je remercie les collègues de travail, les personnes que j'ai rencontrées dans les associations (elles se reconnaîtront) qui ont partagé mon histoire avec prévenance.
Je remercie le docteur Pedroluni (pseudonyme) pour son engagement et son regard optimiste envers les personnes souffrant de troubles psychiques, en particulier de schizophrénie ou de troubles apparentés.

Les épreuves sont le terreau de belles rencontres, des maillons précieux de notre chaîne de vie.

Je remercie Nanou qui, au tout début de cette aventure, était prête à faire un don d'ovule pour me permettre d'être mère.
Je remercie Anna (j'espère qu'elle m'entend, là-haut dans les étoiles), l'ange gardien de notre histoire d'adoption.
Je remercie Bib, Babé, Françoise, Nadine (pseudonyme) sans qui nous n'aurions jamais rencontré notre fille.
Je remercie Georges et Marie-Claude d'avoir créé des liens de confiance avec Amandine durant les années passées à Vic et à Tarbes.
Je remercie Pierrick de m'avoir encouragée à m'aventurer dans le monde de l'édition.

Sources

- ProFamille, *Programme psychoéducatif pour les familles ayant un proche souffrant de schizophrénie. Manuel du participant, version V3.2*, version octobre 2012.
- Fondation fondamental : https://www.fondation-fondamental.org
- Christel Petitcollin, *Je pense trop,* Trédaniel, 2019.
- Revue de liaison trimestrielle de l'Unafam : *Un autre regard*, n° 4, 2021.
- Chaîne YouTube, *La Psychiatrie au soleil*
- https://www.santementale.fr
- Docteur P., site de présentation du CMSRP, 2020.
- Et Évolution de la psychiatrie, *La Psychiatrie au soleil.*

Achevé d'imprimer en octobre 2022
sur les presses de la Nouvelle Imprimerie Laballery
58500 Clamecy
Numéro d'impression : 210008

Imprimé en France

La Nouvelle Imprimerie Laballery est titulaire de la marque Imprim'Vert®